감정의 온도

감정의 온도

초판 1쇄 인쇄 2025년 11월 17일
초판 1쇄 발행 2025년 11월 20일

지은이 이현우
펴낸이 이태선
펴낸곳 창작시대사

등록번호 제2-1150호(1991년 4월 9일)
주소 경기도 고양시 일산동구 장백로 20
전화 031-978-5355 **팩스** 031-973-5385
이메일 changzak@naver.com

ISBN 978-89-7447-284-9 03190

* 값은 뒤표지에 있습니다.
* 이 책의 전부 또는 일부 내용의 무단 복제와 무단 전재를 금합니다.
* 잘못된 책은 바꿔드립니다.

감정의 온도

이현우 지음

창작시대사

프롤로그

말하지 못한 감정에게
말을 걸어보세요

당신은 오늘 어떤 감정을 느꼈나요?

혹시 누군가의 말에 서운했지만 괜히 참았던 마음, 작은 실수에도 부끄럽고 자책했던 마음, 또는 이유 없이 불안하고 무기력했던 순간은 없었나요? 우리는 하루에도 수십 번씩 감정을 느끼지만, 그 감정에 이름을 붙이고 말로 표현하는 일은 생각보다 드물게 일어납니다.

이 책은 감정을 꾹 참는 것이 미덕인 줄 알았던 우리에게, 감정을 말하는 연습이 필요하다고 말합니다.

감정은 억누를수록 마음의 안쪽에 쌓이고, 말하지 않으면 어느 순간 오해로, 고립으로, 분노로 변하기도 하지요. 그러나 감정을 알아차리고 조심스럽게 말로 옮기기 시작하면, 마음은 조금씩 풀리고 관계도 서서히 회복됩니다.

이 책은 감정을 이해하고, 감정에 어울리는 말을 건네는 100가지 연습을 담았습니다.

'감정 → 상황 → 표현'이라는 구조로 구성된 각 꼭지는 감정에 대해 조금 더 구체적으로 이해하고, 실생활에서 바로 써 볼 수 있는 표현을 익힐 수 있도록 도와줍니다. 감정은 고상한 철학의 주제가 아니라 우리 삶 그 자체입니다. 그러니 이 책은 어려운 이론 대신 일상적인 언어로 감정을 이야기하고자 합니다.

당신이 자신의 감정을 알아차리고 표현하는 데 익숙해질수록, 타인의 감정도 더 따뜻하게 받아들일 수 있게 됩니다. 감정에 솔직한 사람이 관계에 정직할 수 있고, 감정을 말할 수 있는 사람이 결국 더 단단하게 성장할 수 있습니다.

이 책을 천천히, 당신의 감정이 움직일 때마다 펼쳐 읽어 주세요.

말하지 못한 감정에게, 이제는 말을 걸어 보는 시간이 되었기를 바랍니다.

차 례

프롤로그: 말하지 못한 감정에게 말을 걸어보세요 | 4

1장. 내가 나에게 느끼는 감정들

1. 부끄러움 - 나를 숨기고 싶을 때 | 16
2. 후회 - 다시 돌아갈 수 있다면 | 18
3. 미안함 - 나 자신에게 | 20
4. 자책 - 왜 그랬을까 싶을 때 | 22
5. 무력감 - 아무것도 할 수 없을 때 | 24
6. 허무함 - 모든 게 다 의미 없어질 때 | 26
7. 자존심 상함 - 나를 깎아내린 말 한마디 | 28
8. 지침 - 지치고 아무 말도 하기 싫을 때 | 30
9. 공허함 - 텅 빈 마음을 마주할 때 | 32
10. 나를 다독이는 말 - "그럼에도 불구하고" | 34

2장. 타인과의 관계에서 생기는 감정

11. 서운함 - 기대가 무너질 때 | 38
12. 섭섭함 - 작은 일에도 마음이 다칠 때 | 40
13. 억울함 - 진심이 왜곡될 때 | 42
14. 분노 - 도를 넘은 말 한마디 | 44

15. 질투 - 왜 나는 아닌지 | 46

16. 비교 - 자꾸만 나를 작게 만들 때 | 48

17. 외로움 - 함께 있어도 외로울 때 | 50

18. 무시당한 느낌 - 가볍게 여겨질 때 | 52

19. 배신감 - 믿었던 사람에게 | 54

20. 이해받고 싶은 마음 - "내 말 좀 들어줘요" | 56

3장. 관계를 망치지 않고 표현하는 법

21. 조심스러움 - 상처주고 싶지 않아서 | 60

22. 애매함 - 말할까 말까 망설일 때 | 62

23. 눈치봄 - 나만 참는 기분일 때 | 64

24. 긴장 - 나를 어떻게 볼까 걱정될 때 | 66

25. 침묵 - 말 안 하는 게 편할 때 | 68

26. 참음 - 좋은 게 좋은 거라는 말 | 70

27. 거절 - 불편하지 않게 말하고 싶을 때 | 72

28. 부탁 - 민망하지 않게 표현하기 | 74

29. 사과 - 진심을 담아 말하기 | 76

30. 진심 - 오해 없이 전하고 싶을 때 | 78

4장. 불안과 걱정 속에서

31. 불안함 - 알 수 없는 일이 두려울 때 | 82
32. 걱정 - 일이 잘못될까 봐 | 84
33. 초조함 - 기다리는 시간이 길게 느껴질 때 | 86
34. 두려움 - 나를 덮치는 감정 | 88
35. 무서움 - 이유 없이 덜컥 | 90
36. 혼란스러움 - 머릿속이 복잡할 때 | 92
37. 낯설음 - 익숙하지 않은 자리에서 | 94
38. 멍함 - 아무 감정도 느껴지지 않을 때 | 96
39. 통제되지 않는 감정 - 감정이 나를 휘두를 때 | 98
40. 괜찮아지는 법 - 파도 위에 부는 바람처럼 | 100

5장. 감정으로 관계를 이어가는 방법

41. 공감 - "네가 그렇구나" | 104
42. 존중 - 내 방식도, 너의 방식도 | 106
43. 애정 - 좋아한다는 말을 어떻게 할까 | 108
44. 신뢰 - 믿는다는 말은 어떻게 시작할까 | 110
45. 지지 - 네 편이 되어줄게 | 112
46. 친밀함 - 편하게 다가가는 말 | 114

47. 다정함 - 하루를 녹이는 한마디 | 116

48. 배려 - 말보다 마음이 앞설 때 | 118

49. 응원 - 힘내라는 말, 그 너머 | 120

50. 사랑 - 조심스럽지만 분명한 마음 | 122

6장. 직장에서 감정 표현하는 법

51. 당황스러움 - 예상 밖의 질문 | 126

52. 인정받고 싶은 마음 - 나도 잘하고 싶어요 | 128

53. 긴장 - 처음 만나는 사람 앞에서 | 130

54. 민망함 - 실수했을 때 | 132

55. 부끄러움 - 칭찬받을 때 | 134

56. 고마움 - 감사를 전하는 법 | 136

57. 불편함 - 너무 가까운 거리 | 138

58. 짜증 - 작은 일이 계속 쌓일 때 | 140

59. 실망 - 기대에 못 미쳤을 때 | 142

60. 다툼 뒤에 말 건네기 - 어색함 넘기기 | 144

7장. 나를 돌보는 감정 표현

61. 위로받고 싶은 마음 - "괜찮다고 말해줘요" | 148

62. 혼자 있고 싶은 감정 - 조용히 나를 쉬게 해줘 | 150

63. 울고 싶은 날 - 눈물이 말하는 것들 | 152

64. 기대하고 싶은 마음 - 다시 희망을 품는 말 | 154

65. 정리되지 않은 마음 - 시간이 필요한 감정 | 156

66. 속상함 - 쉽게 꺼낼 수 없는 말 | 158

67. 혼란스러운 내면 - 감정과 생각 사이 | 160

68. 멈추고 싶은 순간 - 마음이 과부하일 때 | 162

69. 받아들이기 - 안간힘을 놓을 때 | 164

70. 나에게 상냥한 말 - "천천히 해도 괜찮아" | 166

8장. 일상에서 감정에 말 걸기

71. 설렘 - 좋은 일이 생길 것 같은 느낌 | 170

72. 행복함 - 평범한 하루의 기쁨 | 172

73. 만족감 - 오늘 이 정도면 충분해요 | 174

74. 흐뭇함 - 누군가를 보며 웃을 때 | 176

75. 편안함 - 나답게 있을 수 있는 공간 | 178

76. 그리움 - 보고 싶은 사람이 있을 때 | 180

77. 익숙함 - 편안한 반복이 주는 안정감 | 182

78. 가벼움 - 짐을 내려놓은 느낌 | 184

79. 충만함 - 지금 이대로 좋아요 | 186
80. 오늘이라는 기분 - 지금, 여기에 집중하기 | 188

9장. 감정 충돌을 피하고 싶을 때

81. 감정 숨기기 - 드러내지 못하는 이유 | 192
82. 착한 사람 콤플렉스 - 늘 괜찮다고 말하는 사람 | 194
83. 피하고 싶은 대화 - 꺼내기 어려운 이야기 | 196
84. 오해 - 왜곡된 감정의 전달 | 198
85. 갑작스런 감정 폭발 - 왜 그리도 터졌을까 | 200
86. 말 실수 - 의도와 다른 전달 | 202
87. 감정 전염 - 누군가의 기분이 내게까지 | 204
88. 참지 말고 표현하기 - 관계가 더 깊어지는 순간 | 206
89. 공감받지 못할 때 - 나만 이상한 걸까? | 208
90. 감정 조절하기 - 느끼되 휘둘리지 않기 | 210

10장. 감정을 말하는 사람이 되기

91. 감정 어휘 확장하기 - 마음의 언어 늘리기 | 214
92. 관찰하기 - 감정이 올라오는 순간 포착 | 216
93. 기록하기 - 감정을 글로 옮기는 힘 | 218

94. 설명하기 - 내 감정을 타인에게 설명하는 법 | 220

95. 경청하기 - 상대 감정에 귀 기울이기 | 222

96. 표현 연습하기 - 감정을 말로 꺼내는 훈련 | 224

97. 감정에 이름 붙이기 - 모호함에서 벗어나기 | 226

98. 감정과 친해지기 - 나를 있는 그대로 | 228

99. 감정도 성장한다 - 말하는 만큼 깊어진다 | 230

100. 감정을 말할 수 있는 용기 - 이 책을 덮으며 | 232

에필로그: 감정을 말할 수 있다는 건, 나를 지키는 힘입니다 | 234

1장
내가 나에게 느끼는 감정들

: 자기 인식의 첫걸음

1. 부끄러움
나를 숨기고 싶을 때

→ 시선이 머무는 그 자리에, 나는 나를 감추고 싶어졌다

　부끄러움은 내가 누군가의 시선 앞에 드러났다고 느낄 때, 그 시선이 내 안의 부족함을 들여다보는 것 같을 때 찾아오는 감정입니다. 실수했거나, 예상하지 못한 상황에 놓였거나, 내 모습이 기대에 못 미쳤다고 여겨질 때 우리는 얼굴이 붉어지고 몸을 움츠리게 되지요. 순간적으로 도망치고 싶고, "아, 이 말은 하지 말걸" 하는 생각이 머릿속을 맴돌기도 합니다.
　예를 들어 발표 중에 단어가 생각나지 않아 말을 더듬었던 적, 사람들 앞에서 넘어져 민망했던 경험이 있을 거예요. 다른 사람들은 금세 잊을 수 있는 일이지만, 우리는 그 상황을 며칠이고 떠올리며 속으로 몸을 웅크리곤 하죠. "왜 그렇게밖에 못 했을까?", "다들 나를 이상하게 생각하지 않았을까?" 하고 말이에요. 하지만 실은, 그 순간에 집중했고, 잘하고 싶었기 때문에 그런 감정을 느낀 것입니다.
　이 감정을 꼭 없애야 할 대상으로 여기지 않아도 괜찮습니다. 오히려 부끄러움은 내가 진심으로 그 순간을 살았다는 증거이기도 하니까요. 아무 마음 없이 지나쳤다면 민망하지도 않았을 거예요. 그러니 부끄러움을 느꼈다는 것은 그만큼 진지했고, 잘해보고 싶었다는 뜻으로 받아들여도 좋습니다.

중요한 건 부끄러움을 감추려 애쓰기보다 먼저 인정하는 것입니다. "지금 내가 좀 부끄럽구나"라고 마음속에서 말해 보세요. 그 한마디만으로도 감정이 조금은 풀릴 수 있습니다. 그리고 그 감정을 부드럽게 받아들이는 연습을 해보는 거예요. 완벽하지 않아도 괜찮고, 민망한 순간에도 나를 미워하지 않아도 괜찮다고요.

부끄러움은 나를 지키기 위한 자연스러운 감정입니다. 그 감정 속에서 나를 다그치기보다 다정하게 바라보는 것, 그것이야말로 어른이 되어도 여전히 어려운 일이지만 꼭 필요한 연습이기도 합니다. 그날의 민망했던 나를 위로하듯 이렇게 말해 보는 겁니다.

"그땐 좀 창피했지만, 그 순간에도 나는 용기 냈었지."

이럴 땐 이렇게 말해보세요

- "조금 부끄럽긴 했지만, 그래도 해보길 잘했어요."
- "실수했지만 괜찮아요. 다음엔 더 자연스럽게 할 수 있을 거예요."
- "민망했지만, 그 순간의 나도 나니까요."

2. 후회
다시 돌아갈 수 있다면

→ 되돌릴 수 없는 순간이 자꾸만 마음을 흔든다

후회는 마음속에서 계속 반복 재생되는 감정입니다. "그때 왜 그랬을까", "좀 더 생각하고 말했더라면", "다시 돌아간다면 그렇게 하진 않았을 텐데." 이미 지나간 일이라는 걸 알면서도, 그 장면은 끊임없이 머릿속을 맴돌곤 하지요. 잊히지 않는다는 건, 그만큼 내 마음이 그 순간에 진심이었다는 뜻일지도 몰라요.

실수한 말 한마디, 놓쳐버린 기회, 서둘러 내린 결정, 혹은 누군가의 마음을 다치게 했던 행동까지. 우리는 살아가며 크고 작은 후회를 품고 살아갑니다. 지나고 나면 너무 뻔한 답이 보이는데, 정작 그 순간엔 왜 그렇게밖에 하지 못했는지 나 스스로가 답답하게 느껴지기도 하죠. 후회는 그 자체로도 아프지만, 때로는 자책이나 원망으로 이어지기도 합니다.

하지만 후회는 반드시 나쁜 감정만은 아닙니다. 그 감정이 찾아온다는 건, 그 일이 나에게 정말 중요했기 때문이고, 내 마음이 그만큼 진지하고 따뜻했다는 뜻이기도 해요. 마음이 아플수록, 그 순간을 그냥 흘려보내지 않았다는 반증이기도 하지요.

후회를 마주했을 때 가장 필요한 건, 그 감정을 있는 그대로 인정하는 것입니다. 억지로 잊으려 하거나 스스로를 몰아세우기보다 이렇게 말해보세요. "그땐 내가 최선을 다했지만, 지금은 다르게 느껴져." 그 말 속에는 후회를 통해 자라고 있는 나의 마음이 담겨 있습니다.

지금 할 수 있는 일이 있다면 행동으로 옮기는 것도 좋은 방법이에요. 사과할 수 있다면 용기 내어 사과하고, 다음엔 다르게 해보겠다는 다짐 하나면 충분합니다. 후회는 단지 지나간 과거가 아니라, 다음을 더 잘 살아가기 위한 자원이 되기도 하니까요.

누구나 실수하며 살아갑니다. 아무것도 후회하지 않는 사람은 없고, 후회하지 않으려는 사람은 성장할 기회를 놓치기도 하죠. 중요한 건, 후회에 주저앉지 않고 그 감정조차 삶의 일부로 따뜻하게 품어보는 연습입니다.

그때 그 선택이 아팠다면, 지금 이 깨달음은 분명 나를 단단하게 만들고 있는 중일 거예요.

이럴 땐 이렇게 말해보세요

- "그때는 몰랐어요. 지금은 그 마음이 이해돼요."
- "생각할수록 마음이 무거워요. 내가 잘못했어요."
- "지금이라도 진심을 전하고 싶어요. 미안해요."

3. 미안함
나 자신에게

→ 다른 누구보다 먼저, 나에게 미안하다고 말하고 싶다

'미안해'라는 말은 대부분 타인을 향해 건네는 표현입니다. 하지만 가만히 들여다보면, 우리가 가장 자주 잊고 지나치는 사과의 대상은 바로 '나 자신'일지도 모릅니다. 실수를 했을 때, 무리하게 자신을 몰아붙였을 때, 혹은 타인을 먼저 생각하느라 내 감정을 무시했던 순간들. 그럴 때마다 마음 한구석에서는 이런 말이 조용히 올라오곤 하지요. "나한테 정말 미안해."

예를 들어, 몸이 아픈 줄 알면서도 일정을 억지로 밀어붙였던 날. 누군가에게 상처 주는 말을 들었지만 "괜찮아"라며 넘겼던 순간. 사실은 몹시 힘들었는데도 아무렇지 않은 척하며 견뎠던 그 모든 날들이, 시간이 지나면 내게 미안해지는 기억으로 남습니다. 결국 타인이 아닌, 내가 나를 더 아프게 했다는 사실이 마음을 더 무겁게 만들 때도 있습니다.

우리는 종종 자기 자신에게 지나치게 엄격합니다. 작은 실수에도 쉽게 자책하고, 스스로를 비난하며 죄책감을 품곤 하지요. 하지만 때로는 가장 먼저 필요한 말이, 누구를 향한 사과가 아니라 '나에게 미안하다'는 다정한 인정일 수 있습니다. 잘하려고 애썼던 마음, 버텨보려 했던 노력,

그 모든 진심을 몰라준 나에게 건네는 따뜻한 한마디가 필요한 순간들이 있는 겁니다.

스스로에게 사과하는 것은 결코 약한 일이 아닙니다. 오히려 자신을 돌보고 회복시키는 용기 있는 시작입니다. 지금까지 미뤄두었던 마음의 손을 조심스럽게 잡고 이렇게 말해보세요. "그땐 힘들었지. 몰라줘서 미안해." 그 한마디가 마음속 깊은 곳에서 단단히 엉켜 있던 무언가를 살며시 풀어줄지도 모릅니다.

자신에게 사과할 줄 아는 사람은, 타인에게도 더 따뜻해질 수 있습니다. 그리고 다음부터는 자신을 조금 더 아끼고 배려하는 선택을 하게 되지요. 이제는 내 마음을 가장 먼저 챙기는 연습을 시작해도 괜찮습니다. 오랫동안 참고 버텨온 나 자신에게, 늦었지만 진심을 담아 이렇게 전해보세요.

"미안해. 그리고 고마워."

이럴 땐 이렇게 말해보세요

- "그땐 참 힘들었지. 나에게 너무 몰아붙였던 것 같아. 미안해."
- "그 일은 내가 감당할 수 있는 게 아니었어. 괜찮아."
- "조금 서툴렀지만, 나도 최선을 다했어. 이제 나를 용서해줄게."

4. 자책
왜 그랬을까 싶을 때

→ 이미 지나간 일인데도, 나는 나를 놓아주지 못한다

자책은 마음속에서 스스로를 향한 비난이 조용히 반복되는 감정입니다. 누군가 나를 혼내지 않아도, 이미 나는 내 안에서 충분히 나를 꾸짖고 있지요. "왜 그랬을까?", "그때 좀만 더 생각했더라면…", "내가 바보지 뭐." 이렇게 스스로를 질책하며 감정의 굴레에 빠져들면, 우리는 점점 더 작아지고 위축됩니다.

자책은 흔히 실수나 잘못된 선택 이후에 찾아옵니다. 회의 중 말실수를 했을 때, 누군가에게 상처를 주었다고 느낄 때, 또는 어떤 일을 놓친 뒤 "그때 내가 잘했어야 했는데…" 하는 후회가 밀려올 때 말이지요. 문제는 그 상황 자체보다, 나 자신을 향한 비난이 더 오래 남는다는 점입니다. 누구보다도 나에게 가장 차가운 말을 퍼붓는 사람, 바로 '나 자신'일 수 있으니까요.

하지만 자책은 문제를 해결해 주지 않습니다. 오히려 나를 움츠러들게 하고, 다음에 더 나은 선택을 할 수 있는 자신감마저 앗아가곤 하지요. 중요한 건 실수나 잘못을 부인하는 것이 아니라, 거기서 배운 것을 가지고 나를 격려하는 일입니다. 실수도 감정도 다 내 일부였다고, 그럼에도 불구하고 괜찮다고 말해주는 것 말이지요.

자책에서 벗어나는 첫걸음은, 그 순간의 나도 나름의 이유와 감정을 가지고 있었다는 사실을 인정하는 것입니다. 그땐 그럴 수밖에 없었다고, 지금의 내가 보기엔 부족해 보여도 그 순간의 나도 최선을 다했을 거라고요.

우리는 모두 불완전합니다. 완벽하게 잘 살아낸 사람은 없습니다. 그러니 스스로에게 조금은 더 따뜻해져도 괜찮습니다. 그날의 나에게 "그럴 수도 있었지"라고 말해주는 일이야말로, 마음을 지키는 중요한 연습입니다.

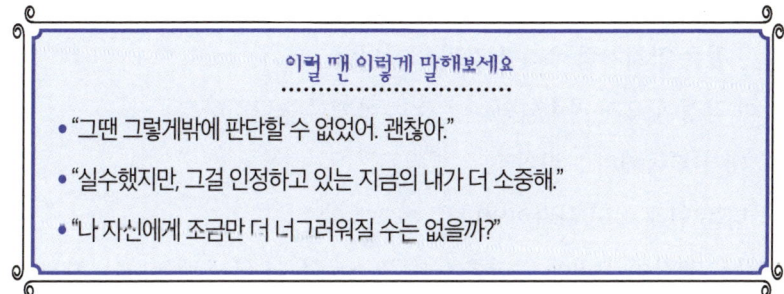

이럴 땐 이렇게 말해보세요

- "그땐 그렇게밖에 판단할 수 없었어. 괜찮아."
- "실수했지만, 그걸 인정하고 있는 지금의 내가 더 소중해."
- "나 자신에게 조금만 더 너그러워질 수는 없을까?"

5. 무력감
아무것도 할 수 없을 때

→ 모든 것이 멀게 느껴질 때, 나는 내 안으로 자꾸만 움츠러든다

무력감은 뭘 해도 달라질 것 같지 않은 날, 마음 깊은 곳에서 밀려오는 감정입니다.

해야 할 일은 쌓여 있는데 손은 움직이지 않고, 머리는 복잡한데 아무 생각도 하기 싫고, 주변의 위로조차 공허하게 느껴질 때. 그럴 때 우리는 마음속으로 이렇게 중얼거리곤 하지요.

"나는 왜 이렇게 아무것도 못 하지…"

무력감은 보통 혼자 오래 버텨온 사람에게 조용히 찾아옵니다. 겉으론 씩씩해 보여도, 마음속에서는 계속 힘을 짜내고 있었던 거지요. 그러다 어느 순간, 몸도 마음도 동시에 멈춰버립니다. 열심히 해도 달라지는 게 없다는 느낌, 노력해도 세상은 여전히 제자리라는 생각이 들 때, 무력감은 깊은 안개처럼 우리를 감싸 안습니다.

이 감정이 오래 지속되면 자존감도 함께 흔들립니다.

"내가 부족해서 그런가?",

"나는 원래 이런 사람이었나?"

같은 생각이 꼬리에 꼬리를 물며 스스로를 더 작게 만듭니다. 하지만 무력감은 내가 무능해서가 아니라, 너무 오랫동안 스스로를 다그쳐 온 결과일 수 있어요. '해야만 한다'는 압박, '포기하면 안 된다'는 긴장이 마음을 지치게 만든 거지요.

그럴 때는 애써 의욕을 끌어올리려 하기보다, 잠시 멈추고 그 감정을 그대로 느껴보는 것도 괜찮습니다. 지금 내가 무력감을 느끼고 있다는 사실 자체를 부정하지 말고, 스스로에게 이렇게 말해 주세요.

"그럴 만했어. 많이 버텼잖아."

무력감은 회피의 감정이 아니라, 회복을 알리는 신호일지도 모릅니다.

당장 무엇을 바꾸려 애쓰지 않아도 괜찮아요. 지금 필요한 건 '더 잘하기'가 아니라, '그만큼 힘들었다'는 걸 인정하고 쉬어 가는 일일지도 모릅니다.

이럴 땐 이렇게 말해보세요

- "지금은 아무것도 하기 싫어. 그래도 그럴 수 있어."
- "내가 무기력한 게 아니라, 지쳐 있었던 거야."
- "하루쯤은 아무것도 안 해도 괜찮아. 다시 시작하면 돼."

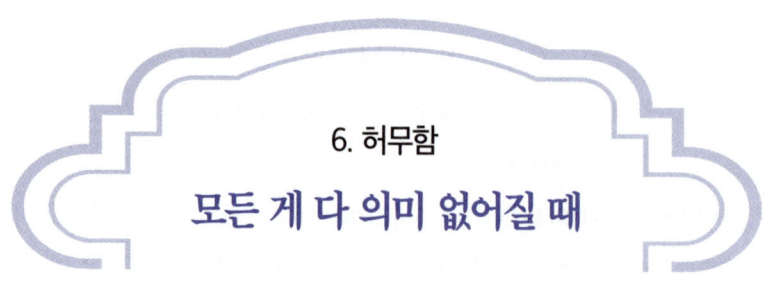

6. 허무함
모든 게 다 의미 없어질 때

→ 그토록 열심히 걸었는데, 문득 아무것도 아닌 것만 같았다

허무함은 어느 날 문득, 마음속이 휑해지는 감정입니다.

열심히 했던 일이 끝났는데 기쁘기보다 멍하고, 오랜 시간 함께했던 사람과 결국 이별했을 때처럼 모든 감정이 빠져나가 아무것도 남지 않은 듯한 느낌. 마음이 텅 빈 방처럼 느껴질 때, 우리는 이렇게 말하곤 하지요.

"이게 다 무슨 소용이었을까…"

허무함은 감정이 무뎌질 때 찾아옵니다.

무언가를 향해 달릴 때는 몰랐지만, 막상 그 지점에 도착하고 나면 어딘가 허전한 마음이 밀려오곤 하지요. 오랫동안 애써 온 일에 마침표를 찍은 순간, 끝났다는 실감보다 "그동안 나에게 뭐가 남았지?" 하는 질문이 더 클 때도 있습니다. 때로는 평범한 일상조차 무기력하게 느껴지고, 세상의 의미가 흐릿해지는 순간이 찾아오기도 합니다.

이 감정은 단순한 의욕 저하나 기분의 문제가 아닙니다.

삶의 리듬이 끊기고 감정의 연결이 일시적으로 느슨해졌을 때 생기는, 지극히 자연스러운 반응일 수 있어요. 정신없이 앞만 보고 달려온 나 자신에게 멈춤을 건네며, 조용히 되돌아보게 만드는 감정이기도 하지요.

허무함에서 벗어나기 위해 애써 무언가를 급히 채우려 하기보다, 그 공허함 자체를 있는 그대로 인정해 보는 것이 먼저입니다. 마음속이 비어 있다고 느껴질 때, 그 빈 공간을 억지로 메우기보다 잠시 함께 머물러 보는 거예요. 허무함도 어쩌면 나에게 "이제는 잠시 쉬어도 괜찮다"고 말하는 방식일 수 있으니까요.

그리고 무엇보다, 허무함은 새로운 의미를 향해 나아가기 위한 시작일 수 있습니다.

무언가가 끝났다면, 이제는 진짜 내가 바라는 것이 무엇인지 묻고, 그 방향으로 다시 발걸음을 옮길 때입니다.

무의미해 보이는 순간 속에서도, 내 마음이 다시 깨어날 준비를 하고 있다는 걸 믿어도 좋아요.

이럴 땐 이렇게 말해보세요

- "지금은 마음이 공허하지만, 이 감정도 곧 지나갈 거야."
- "무언가 끝났다고 해서, 나까지 사라지는 건 아니야."
- "비어 있다는 건, 다시 채울 수 있다는 뜻이기도 해."

7. 자존심 상함
나를 깎아내린 말 한마디

→ 말 한마디가 가슴 깊이 박히는 날, 나는 한참을 서 있었다

자존심이 상한다는 건 단순히 기분이 나쁘다는 것을 넘어, 나라는 사람 자체가 가볍게 여겨졌다고 느낄 때 생기는 감정입니다. 별뜻 없이 건넨 말 한마디, 무심한 표정, 아무 생각 없이 내뱉은 비교 속에서 우리는 자신이 깎인 것 같은 느낌을 받습니다. 상대는 아무렇지 않게 말을 던졌지만, 내 마음은 조용히 무너지고, 그 말은 오랫동안 잊히지 않은 채 마음 한구석을 톡톡 건드리지요.

회의 자리에서 내 의견이 무시당했을 때, "그건 누구나 할 수 있는 일 아닌가요?"라는 말에 내가 들인 노력이 한순간에 하찮아졌을 때, 혹은 타인의 성과에 나를 빗대어 비교하는 말을 들었을 때, 우리는 자신도 모르게 위축되고 맙니다. 자존심이 상할 때 가장 어려운 건, 그 감정을 겉으로 표현하기 힘들다는 점입니다. "그 말이 조금 불편했어요"라고 말하는 순간, 괜히 예민한 사람으로 보일까 봐 결국 꾹 눌러 담고, 감정을 마음속에만 묻어두곤 하지요.

하지만 감정을 말하지 않고 삼켜버릴수록, 그 감정은 더 깊이 남아 마음을 지치게 만듭니다. 상대를 탓하기 전에, 내 감정을 먼저 정확히 들여

다보고 표현하는 것이 필요합니다. 자존심이 상했다는 건, 내가 나를 소중하게 여기고 있었다는 뜻이기도 하니까요. 무시당한 것 같다고 느꼈을 때, 그 감정을 애써 없애려 하기보단, "그 말이 조금 상처가 됐어요"라고 조심스럽게 말해보는 용기가 때론 상처보다 더 큰 이해를 불러올 수 있습니다.

자존심은 나를 지키기 위한 마음의 울타리입니다. 그 울타리가 상했을 때, 방어적으로 반응하거나 자신을 억누르기보다, 내 마음을 다정하게 들여다보는 연습이 필요합니다. 때로는 불편했던 감정을 말로 꺼내는 것만으로도 마음은 훨씬 가벼워지고, 스스로를 더욱 단단하게 세울 수 있습니다. 중요한 건, 감정을 숨기지 않는 용기이며, 그것이야말로 관계를 지키는 가장 건강한 방식입니다.

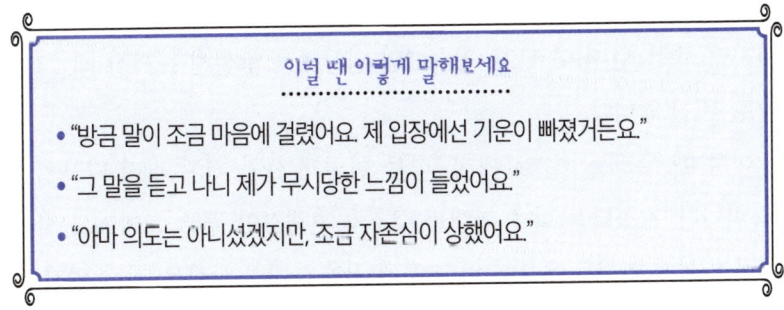

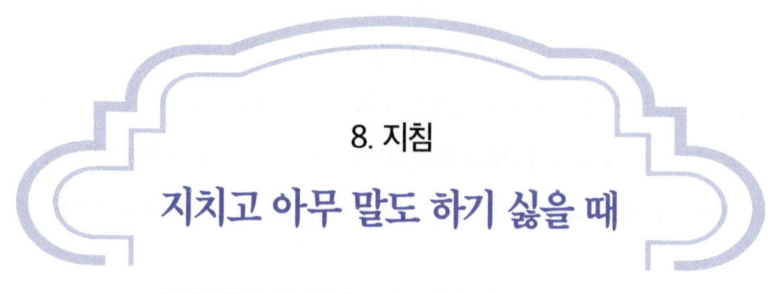

8. 지침
지치고 아무 말도 하기 싫을 때

→ 말도 마음도 힘겨워서, 그저 조용히 있고 싶을 뿐이었다

지쳤다는 건 단순히 몸이 피곤하다는 뜻이 아니라, 마음까지 힘에 부쳤다는 신호입니다. 해야 할 일이 쌓여 있어도 손이 움직이지 않고, 누군가의 안부마저도 무겁게 느껴질 때가 있지요. 말하고 싶은 마음조차 들지 않고, 무엇을 하든 무의미하게 느껴질 때, 우리는 속으로 이렇게 중얼거리곤 합니다.

"아무 말도 하기 싫다. 그냥 다 멈췄으면 좋겠어."

지침은 유난히 책임감이 강하고 성실한 사람에게 조용히 찾아옵니다. 무언가를 해내야 한다는 의무감으로 스스로를 몰아세우고, 실망시키지 않으려 애쓰며 하루하루를 버텨온 사람에게, 어느 날 갑자기 감정과 에너지가 동시에 꺼져버리는 순간이 오지요. 겉으로는 아무렇지 않아 보이지만, 속은 텅 비어 있고, 익숙했던 일상조차 낯설게 느껴질 때. 그게 바로 '지침'입니다.

이럴 때 우리는 스스로에게 "다들 이렇게 사는 거지"라며 다그치기도 합니다. 지쳤다는 말을 꺼내는 것조차 죄책감이 들고, 그마저도 사치처럼 느껴져 억지로 웃으며 버티게 됩니다. 하지만 사실은, 가장 먼저 나 자신에게 이렇게 말해줘야 합니다.

"그래, 많이 힘들었구나."

그 한마디가 마음속 단단하게 엉켜 있던 응어리를 조금은 풀어줄 수 있습니다.

지쳐 있다는 걸 인정하는 건 약함이 아니라 회복의 시작입니다. 감정을 말로 풀어내기 어렵다면, 그저 조용히 있는 것도 괜찮습니다. 누군가 "괜찮냐"고 묻는다면 억지로 괜찮은 척하기보다 "요즘 좀 많이 지쳤어요"라고 솔직하게 말하는 것이 오히려 건강합니다. 마음은 억지로 끌어올리는 것이 아니라, 스스로 회복할 수 있도록 쉬게 해주는 일이 더 중요합니다.

지침은 나에게 보내는 신호입니다. 무언가 잘못되었다기보다, 이제는 나를 먼저 돌봐야 할 때라는 알림입니다. 아무것도 하지 않아도 괜찮고, 말 없이 쉬어도 괜찮습니다. 삶에는 잠시 멈추는 시간도 꼭 필요합니다. 이 감정 속에 조용히 머물며, 서서히 나를 회복하는 연습을 시작해보세요.

이럴 때 이렇게 말해보세요

- "요즘 좀 많이 지쳐서 말수가 줄었어요. 조금만 쉬고 싶어요."
- "괜찮은 척하느라 더 힘들었던 것 같아요. 지금은 조용히 있고 싶어요."
- "누군가 아무 말 없이 옆에 있어주는 것만으로도 위로가 돼요."

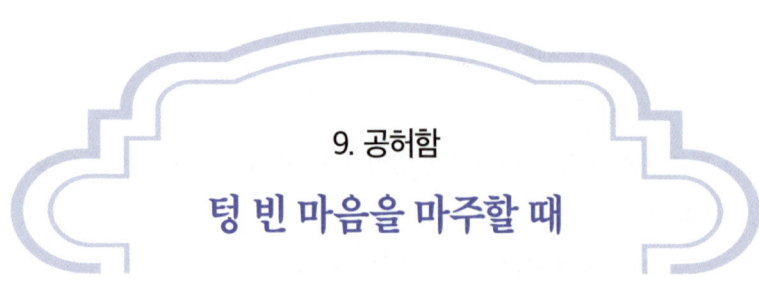

9. 공허함
텅 빈 마음을 마주할 때

→ 무언가 가득했던 자리에 바람만 스쳐 간다

공허함은 겉보기엔 아무 문제 없어 보이지만, 마음 한가운데가 뻥 뚫린 듯한 감정입니다. 웃고는 있지만 마음은 따라주지 않고, 사람들과 어울리면서도 왠지 혼자 있는 듯한 기분. 아무것도 손에 잡히지 않고, 말도 생각도 공중에 붕 떠 있는 것처럼 느껴질 때, 우리는 문득 이렇게 중얼거리게 됩니다.

"이상하게 마음이 텅 빈 것 같아…"

공허함은 무언가를 잃었을 때뿐 아니라, 오히려 무언가를 이루었을 때에도 불쑥 찾아옵니다. 오랜 시간 바라던 일이 마무리되었을 때, 오래 지속되던 관계가 정리된 후, 혹은 별다른 이유 없이도 이 감정은 우리 곁을 찾습니다. 바쁘게 하루를 살아왔지만, 정작 내 마음이 비어 있다는 걸 느끼는 순간. 그때 찾아오는 조용한 허전함, 그것이 바로 공허함입니다.

이 감정은 말로 설명하기 어려운 경우가 많습니다. "그냥 좀 허전해"라고 말하지만, 그 안에는 복잡하고도 뚜렷하지 않은 감정들이 얽혀 있지요. 어떤 감정도 또렷하게 느껴지지 않는 무채색의 마음. 그래서 더욱 쓸쓸하게 느껴지고, 나조차도 나 자신과 멀어진 듯한 고립감을 경험하기 쉽습니다.

그럴 때는 억지로 그 마음을 채우려 하지 않아도 괜찮습니다. 공허함은 때로 나에게 질문을 던지는 감정이기도 합니다. 지금 내게 정말 필요한 것은 무엇인지, 나는 무엇으로 채워지고 싶은지를 조심스럽게 되묻는 시간이기도 하지요. 성급하게 답을 찾지 않아도 됩니다. 그저 이 감정을 나의 일부로 인정하고, 그 감정과 함께 잠시 머물러 보는 것만으로도 충분합니다.

마음이 비어 있다는 건, 다시 채울 수 있다는 뜻이기도 합니다. 감정은 언제나 가득 차 있을 필요가 없습니다. 때로는 그 빈자리를 통해서야 비로소 내가 진짜 원하는 것과 연결되기도 하니까요. 중요한 건, 그 공간을 무서워하거나 외면하지 않고, 조용히 바라보며 스스로를 다정하게 돌보는 일입니다.

이럴 때 이렇게 말해보세요

- "마음이 좀 허전해요. 아무 이유 없지만 공허한 기분이 들어요."
- "요즘 감정이 잘 느껴지지 않아요. 그냥 좀 텅 빈 느낌이에요."
- "이 감정도 언젠가는 지나가겠죠. 조급해하지 않으려 해요."

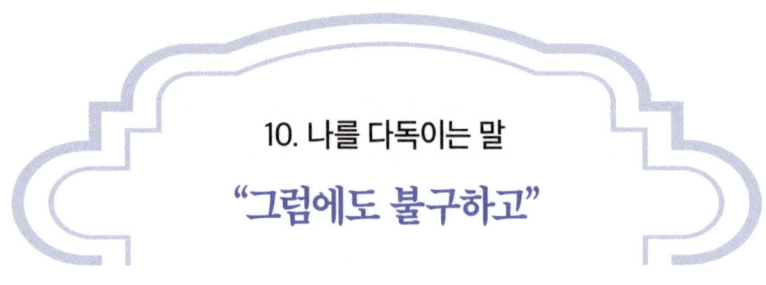

10. 나를 다독이는 말
"그럼에도 불구하고"

→ 무너지는 마음 위에, 한 줄기 위로처럼 건네는 말, 그럼에도 불구하고

　어떤 날은 아무리 애써도 스스로에게 만족할 수 없는 순간이 있습니다. 오늘 하루도 최선을 다했지만 어딘가 부족했던 것 같고, 해야 할 말을 다 하지 못한 것 같고, 괜히 마음이 무겁고 허전하게 느껴지는 날. 그런 날에는 자꾸만 자신에게 실망하게 됩니다.
　'왜 그렇게밖에 말하지 못했을까.'
　'왜 더 참고 노력하지 못했을까.'
　'이 정도로는 아무 의미도 없을 거야.'
　이런 생각들이 마음 한구석을 조용히 갉아먹습니다.
　우리는 흔히 타인에게는 관대하면서, 자신에게는 유난히 엄격해지는 모순 속에 살아갑니다. 누군가 실수했을 땐 "그럴 수도 있지"라며 다독이면서도, 내가 같은 실수를 했을 땐 "이 정도도 못하냐"며 매정하게 몰아붙입니다. 하지만 사람은 누구나 완벽할 수 없고, 누구나 흔들리고 후회하며 살아가는 존재입니다.
　중요한 건, 그런 나에게 어떤 말을 건네느냐입니다.
　그럴 때 필요한 말이 있습니다.

"그럼에도 불구하고."

오늘 실수했더라도, 지키고 싶었던 것을 놓쳤더라도, 충분히 해내지 못했다고 느껴지더라도, 그럼에도 불구하고 나는 여전히 괜찮은 사람이라는 말. 다시 시작할 수 있는 사람이라는 말. 그 한마디는 마음속 깊이 쌓여 있던 자책과 불안을 천천히 풀어냅니다.

'그럼에도 불구하고'는 무너진 마음을 다시 일으켜 세우는 마법 같은 문장입니다. 부족함과 후회, 미안함과 허무함을 모두 인정하면서도 나를 놓지 않게 해주는 말. 삶이 뜻대로 흘러가지 않을 때, 내가 나에게 해줄 수 있는 가장 따뜻하고 단단한 위로입니다. 이 말은 상황을 바꿀 순 없지만, 내 마음만큼은 지켜줄 수 있습니다.

위로는 거창한 말이 아닙니다. 어떤 순간에도 내 편이 되어줄 한마디, 그리고 그 말은 남이 아닌 내가 나에게 먼저 건네야 합니다.

"그럼에도 불구하고 나는 나를 믿는다."

그렇게 스스로를 다독이며 오늘을 넘어가는 것. 그것으로 충분한 날도 있습니다.

이럴 땐 이렇게 말해보세요

- "오늘 마음처럼 안 됐지만, 그럼에도 불구하고 나는 괜찮아."
- "실수했지만 다시 해보면 돼. 그럼에도 불구하고 나는 계속 나아갈 거야."
- "완벽하진 않아도, 지금까지 잘 버텨온 나를 믿고 싶어."

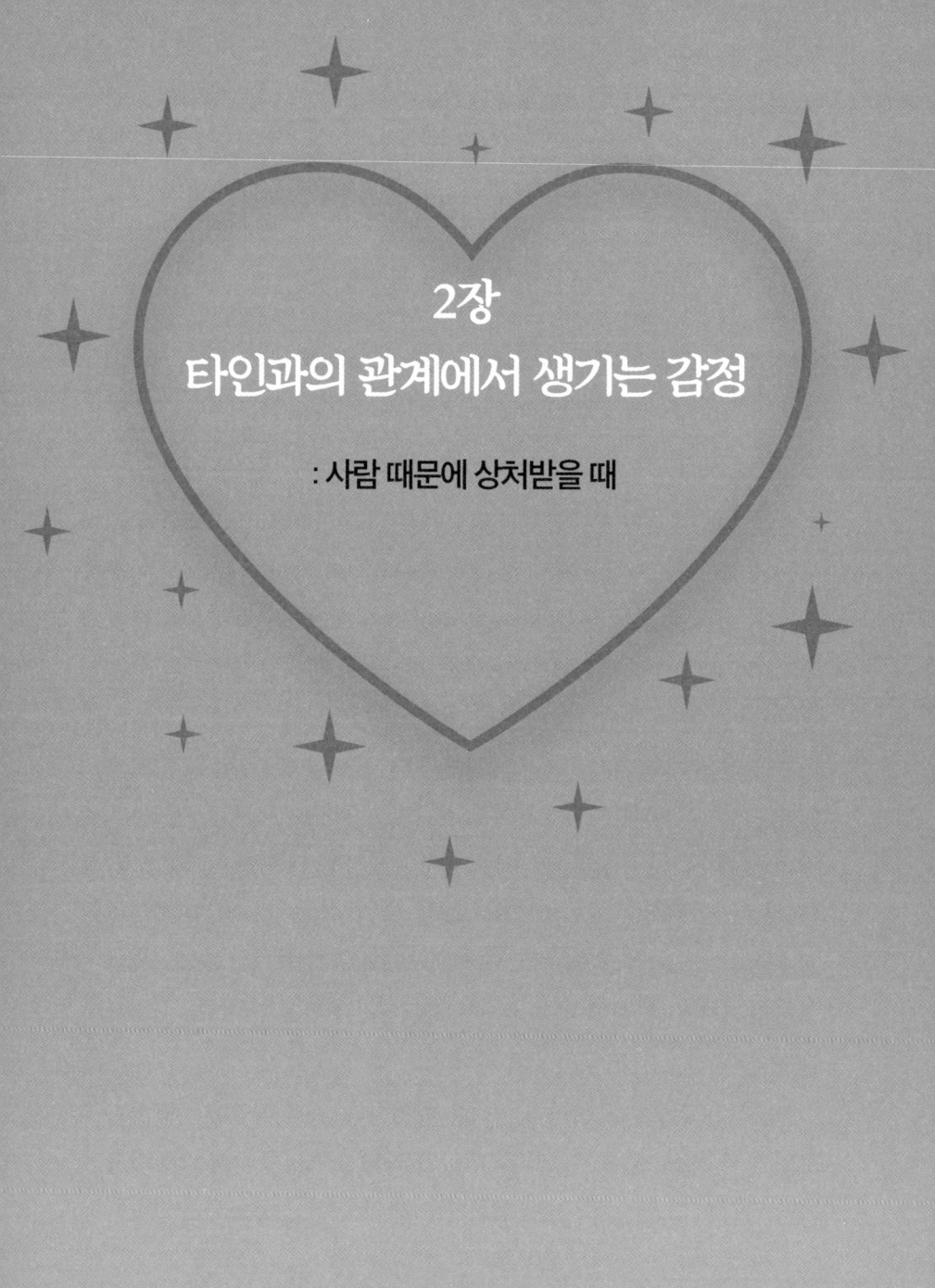

2장
타인과의 관계에서 생기는 감정

: 사람 때문에 상처받을 때

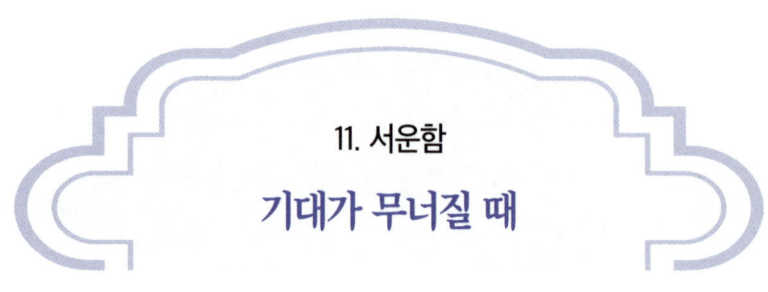

11. 서운함
기대가 무너질 때

→ 기대했던 만큼 아프고, 바라던 만큼 서운해졌다

    서운함은 내가 말로 표현하지 않았던 기대가 무너질 때 조용히 찾아오는 감정이다. '그 사람이 이럴 줄은 몰랐다', '이 정도는 알아줄 줄 알았는데' 싶은 순간, 마음 한쪽에서 기온이 살짝 내려가는 것 같은 기분이 들고, 상처라고 하기엔 너무 조용하고, 분노라고 하기엔 애매하지만 분명 마음이 멀어지고 있다는 느낌은 선명하게 다가온다.

    이 감정은 대개 가까운 사람에게서 온다. 친밀한 관계일수록 말하지 않아도 서로를 알아줄 거라 믿게 되고, 그 믿음이 어긋나는 순간, 아주 작은 말 한마디나 무심한 행동에도 쉽게 흔들린다. 내가 힘든 하루를 보냈다는 걸 알면서도 아무 말 없이 넘어간 친구, 오래 준비한 일을 아무 반응 없이 지나친 동료, 늘 먼저 챙겼던 상대가 내 부탁 하나를 대수롭지 않게 흘려보낼 때, 이런 작고 사소한 순간들이 설명하기 어려운 서운함을 남긴다.

    서운함은 겉으로 드러내기 어려운 감정이다. 괜히 예민한 사람처럼 보일까 봐 조심스럽고, "그럴 수도 있지"라며 스스로를 다독이는 척하지만 사실은 감정을 억누르고 회피하는 경우가 많다. 그러나 그런 방식은 감정을 사라지게 하는 게 아니라, 관계 안에 조용한 거리감을 만들어낸다.

서운함을 느낀 건 그만큼 마음을 썼다는 뜻이다. 기대했다는 건 그 관계를 소중히 여겼다는 의미이고, 그만큼 마음이 열려 있었다는 증거이기도 하다. 그러니 그 감정을 억누르기보다, 천천히 말로 꺼내보는 연습이 필요하다. "그 말이 조금 서운했어"라고 부드럽게 표현할 수 있다면, 그 감정은 오해나 상처가 아니라 서로에 대한 이해로 이어질 수 있다.

마음을 표현하는 건 용기이자 관계를 지키는 방식이다. 서운함은 잘 다루지 않으면 마음을 천천히 닫히게 만들지만, 솔직한 표현은 오히려 관계를 더 깊게 만든다. 중요한 건, 내가 느낀 감정을 부정하지 않고, 나답게 전할 수 있다는 믿음이다. 감정은 숨기는 것이 아니라, 따뜻하게 건네는 연습을 통해 서로의 마음을 다시 이어주는 다리가 된다.

이럴 땐 이렇게 말해보세요

- "그 상황에서 아무 말도 없어서 조금 서운했어요."
- "작은 기대였는데, 그게 무너져서 마음이 좀 허전했어요."
- "기대하지 말자고 해도, 그 순간엔 솔직히 서운했어요."

12. 섭섭함
작은 일에도 마음이 다칠 때

→ 별것 아닐 줄 알았던 순간이 마음에 오래 남는다

　섭섭함은 서운함과 닮아 있지만, 더 사소하고 더 미묘한 결을 지닌 감정이다. 특별히 큰 사건이 있었던 것도 아니고, 누군가 뚜렷한 잘못을 한 것도 아닌데, 마음 한켠이 괜스레 불편해지고 어딘가 찜찜하게 남는 느낌. "굳이 말할 정도는 아니지만…" 하면서도 자꾸만 그 순간이 떠오르고, 잊으려 해도 마음속에 남아 있는 감정. 그것이 바로 섭섭함이다.
　이 감정은 친밀한 사이일수록 더 자주 나타난다. 가까운 사람일수록 말하지 않아도 내 마음을 알아줄 거라는 믿음이 있기에, 작은 말 한마디나 행동 하나에도 쉽게 마음이 흔들린다. 나에겐 중요한 일이었는데 상대는 가볍게 넘겼을 때, 단체 대화에서 나만 빠진 채 일이 결정됐을 때, 생일인 걸 알면서도 일부러 모른 척하는 듯한 느낌을 받을 때처럼, 의도와는 상관없이 내 마음은 조용히 다치고 만다.
　더 어려운 건, 이 감정을 겉으로 드러내기가 쉽지 않다는 점이다. "이 정도로 섭섭해하면 내가 속 좁은 사람처럼 보이지 않을까?" 하는 생각에 괜히 참게 되고, 스스로를 타이르며 마음속에만 묻어두게 된다. 하지만 감정은 아무리 작아 보여도 쌓이면 무게가 생기고, 풀어내지 않으면 관계에 거리감을 만든다. 오히려 너무 작아서 말하지 못한 감정이 더 오래 남아 마음을 무겁게 하기도 한다.

섭섭함을 느꼈다는 건 그만큼 그 관계에 애정을 쏟았다는 뜻이다. 기대가 있었고, 그 기대가 충족되지 않았을 때 마음이 살짝 다친 것이다. 그 감정을 부끄러워할 필요는 없다. 다만 그 감정을 공격적으로 터뜨리거나 억지로 삼키는 대신, 부드럽고 솔직하게 꺼내는 연습이 필요하다. "조금 섭섭했어. 아마 넌 몰랐을 거야"라는 말 한마디가 오히려 오해를 줄이고, 서로의 마음을 가볍게 만들어준다.

감정은 크고 작음의 문제가 아니라, 어떻게 다루느냐에 따라 전혀 다른 결과를 만든다. 섭섭함은 작지만 중요한 감정이다. 이를 잘 표현할 수 있는 사람은 관계 안에서도 자기 마음을 건강하게 지킬 줄 아는 사람이다. 그런 정직한 표현은 결국 더 단단하고 깊은 관계를 만들어주는 시작점이 된다.

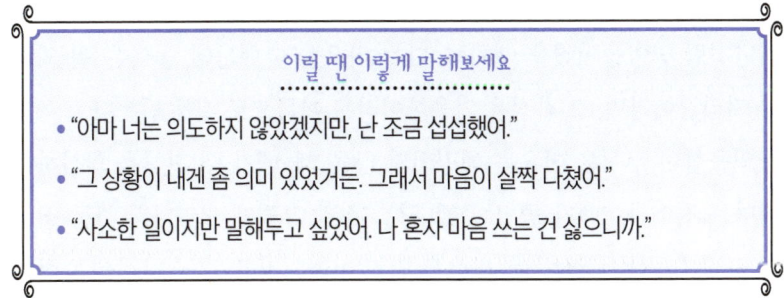

이럴 때 이렇게 말해보세요

- "아마 너는 의도하지 않았겠지만, 난 조금 섭섭했어."
- "그 상황이 내겐 좀 의미 있었거든. 그래서 마음이 살짝 다쳤어."
- "사소한 일이지만 말해두고 싶었어. 나 혼자 마음 쓰는 건 싫으니까."

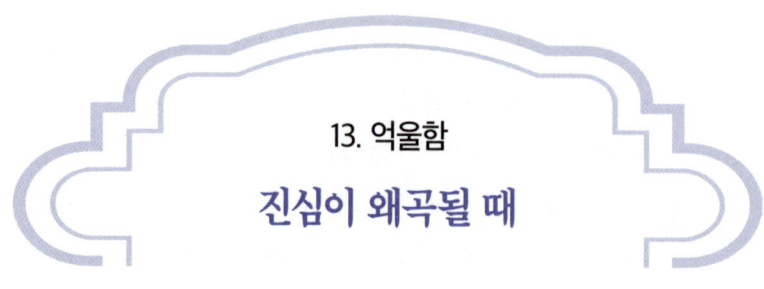

13. 억울함
진심이 왜곡될 때

→ 내 마음은 그런 뜻이 아니었는데, 아무도 들어주지 않았다

 억울함은 내가 얼마나 진심이었는지를 굳이 설명해야만 할 때, 혹은 아무리 설명해도 그 마음이 제대로 전달되지 않을 때 찾아오는 감정이다. 열심히 했는데 오히려 오해를 사고, 좋은 의도로 건넨 말이나 행동이 왜곡되어 돌아올 때, 마음은 변명조차 하고 싶지 않을 만큼 지쳐버린다. 억울함은 분노처럼 폭발하지도 않고, 슬픔처럼 눈물이 흐르지도 않지만, 오래도록 마음속을 맴돌며 스스로를 갉아먹는다.

 이 감정은 특히 관계 안에서 더 깊게 자리 잡는다. 가까운 사이일수록 서로를 잘 안다고 생각해 설명을 생략하는 경우가 많기에, 오해가 생기면 그만큼 상처도 커진다. 예를 들어, 어떤 일을 책임감으로 해냈음에도 "왜 네가 나섰어?"라는 반응을 들었을 때, 또는 진심 어린 충고가 무시나 비난처럼 받아들여졌을 때처럼. 나는 마음을 다했는데, 돌아온 건 의심과 거리감이라면, 그 감정은 억울함이라는 이름으로 길게 남는다.

 억울함이 무서운 이유는 해명되지 않을 때, 내가 내 진심을 의심하게 된다는 점이다. "내가 뭘 잘못했나?", "정말 그렇게 보였나?" 하는 질문이 꼬리를 물며, 나조차 내 마음을 믿기 어려워지고, 결국 감정을 표현하는 일 자체를 포기하게 된다. 오해를 풀고 싶은 마음은 크지만, '괜히 꺼 냈다가 또 오해받을까 봐' 끝내 말하지 못하는 악순환이 반복된다.

그러나 억울함을 끝내 말하지 않으면, 그 감정은 분노나 체념, 혹은 냉소로 바뀌게 된다. 감정이 상했음을 인정하고, 나의 진심이 무엇이었는지를 조심스럽게라도 전할 수 있어야 억울함은 마음의 상처로 굳지 않는다. "그땐 그렇게 들렸을지 몰라도, 내 마음은 그게 아니었어." 그 말 한마디가, 때로는 막혀 있던 관계를 풀어주는 열쇠가 되기도 한다.

억울하다는 건 내가 뭔가를 잘 해보고 싶었고, 누군가를 진심으로 대했다는 뜻이기도 하다. 억울할 만큼 마음을 쏟았다는 건 그만큼 간절했고, 그만큼 소중했음을 말해준다. 그러니 억울함을 억지로 눌러두지 말고, 내 진심을 지키기 위해서라면 조심스럽게라도 말로 꺼내도 괜찮다. 그 감정을 정직하게 바라볼 수 있을 때, 비로소 나 자신도 더 단단해질 수 있다.

이럴 때 이렇게 말해보세요

- "그 상황이 억울하게 느껴졌어요. 제가 진심으로 한 일이었거든요."
- "그렇게 오해될 수 있다는 건 이해해요. 그래도 제 마음은 그게 아니었어요."
- "말하지 않으면 그대로 굳어질까 봐, 조심스럽게라도 꺼내고 싶었어요."

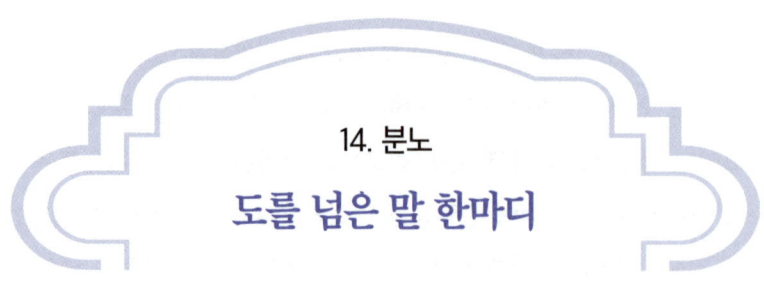

14. 분노
도를 넘은 말 한마디

→ 참고 또 참았지만, 결국 터져버린 감정이 있었다

분노는 감정 중에서 가장 격렬한 얼굴이다. 다른 감정은 설명이 가능할 것 같지만, 분노만큼은 마음에 머무는 순간부터 이미 몸을 타고 올라온다. 도를 넘은 말 한마디, 무시로 느껴지는 행동 하나에 뺨을 맞은 듯 확 끓어오르는 그 감정은 마치 내 존재 전체를 방어하려는 본능처럼 치밀어 오른다. 분노는 결코 이유 없이 생기지 않는다. 그 안에는 상처받은 자존감, 무시당한 존엄, 억울함이나 좌절 같은 복잡한 감정이 겹겹이 포개져 있다.

누군가 나의 한계를 넘어서 무례하게 행동했을 때, 혹은 내가 받아들일 수 없는 방식으로 나를 깎아내렸을 때, 우리는 분노하게 된다. 그리고 그 감정은 순식간에 판단을 흐리게 만들며, 말과 행동을 격하게 몰아간다. 순간적으로 소리를 지르고 싶거나, 관계 자체를 끊고 싶을 만큼 강한 감정이기 때문에, 분노는 때로 큰 후회를 남기기도 한다.

그래서 분노는 표현하는 방식이 중요하다. 무작정 참는 것도, 즉각적으로 터뜨리는 것도 결국은 마음을 다치게 만든다. "화를 내면 지는 것 같아서 참는다"는 사람들이 많지만, 사실 분노야말로 가장 신중하게 다루어야 할 감정이다. 억누르면 마음속에 쌓이고, 쌓인 감정은 언젠가 예상치 못한 방식으로 터지게 된다. 반면, 그대로 쏟아내면 상대와의 신뢰는 순식간에 무너진다. 그러므로 먼저 그 감정을 정확히 인식하고, 왜 그런 감정이 생겼는지를 스스로 알아차리는 일이 중요하다.

"그 말은 나를 무시하는 것처럼 들렸어", "나는 지금 이 상황이 너무 화가 나"라고 솔직하게 말하는 연습이 필요하다. 분노는 감정을 부정하지 않되, 어떻게 표현하느냐에 따라 나를 지킬 수 있는 감정이다. 그것은 억제하는 것이 아니라 조절하는 힘이며, 내가 어떤 경계를 가지고 있는지를 스스로 존중하는 행위이기도 하다. 도를 넘은 말 한마디에 휘청이는 나를 그대로 두지 않고, 그 감정을 통해 나는 어떤 사람인지, 무엇까지를 허용할 수 있는지를 알아가는 기회로 삼는 것. 그것이 바로 건강하게 분노를 다루는 방법이다.

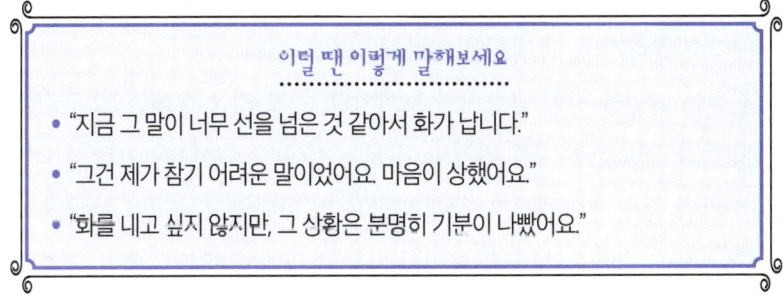

이럴 때 이렇게 말해보세요

- "지금 그 말이 너무 선을 넘은 것 같아서 화가 납니다."
- "그건 제가 참기 어려운 말이었어요. 마음이 상했어요."
- "화를 내고 싶지 않지만, 그 상황은 분명히 기분이 나빴어요."

15. 질투
왜 나는 아닌지

→ 괜찮은 척하면서도, 왜 나는 아닌가 하는 마음이 스며든다

　질투는 타인의 빛나는 순간을 마주했을 때, 문득 나 자신이 작아지는 감정이다. 누군가의 성공, 누군가가 받는 사랑, 누군가가 거침없이 걸어가는 모습을 바라보며 '축하해'라고 말하지만, 속으로는 조용히 이런 질문이 맴돈다. "왜 나는 아닐까?" "나도 열심히 했는데…" 애써 아닌 척해도 마음 한구석에서는 분명 비교와 박탈감이 자라고 있고, 그런 감정을 들키지 않기 위해 더욱 애쓰게 된다.

　그러나 질투는 부끄러운 감정이 아니다. 오히려 그 감정이 찾아왔다는 건, 내가 그 무언가를 진심으로 바라고 있었다는 뜻이다. 나에겐 아직 없는 무언가, 나는 아직 도달하지 못했지만 누군가는 이미 손에 넣은 어떤 것. 마음은 그 간극을 바라보며 무력감을 느끼고, 때로는 이유 없이 상대를 미워하거나, 나 자신을 탓하게 되기도 한다.

　질투는 타인을 향한 감정처럼 보이지만, 가장 깊은 상처는 결국 나에게 남는다. 질투는 비교를 만들고, 비교는 결핍을 자극한다. 그렇게 되면 내가 가진 것은 초라해지고, 상대의 삶은 더 단단하고 화려해 보이기 시작한다. 물론 우리는 모두가 보이지 않는 자리에서 애쓰고 있고, 겉으로 드러난 결과만으로 삶을 판단할 수 없다는 것을 알고 있다. 하지만 그 감정이 올라오는 순간, 그 이성을 붙드는 건 쉽지 않다.

그래서 필요한 건 질투를 억누르려는 노력이 아니라, 그 감정을 정확히 알아차리는 일이다. "지금 나는 질투하고 있구나"라고 인정할 수 있다면, 그 감정은 조금씩 식기 시작한다. 그리고 그 감정 속에 담긴 내 마음을 들여다보는 것이다. 나는 왜 그 자리에 있고 싶었을까? 나는 무엇을 그렇게 간절히 바라고 있었을까? 질투는 때로 내 안에 잠든 가능성과 소망을 깨우는 감정이기도 하다.

질투를 잘 다룬다는 건 나를 좀 더 솔직하게 바라보는 것이다. 그 감정을 나쁘게만 여기지 않고, 나의 결핍과 욕망을 있는 그대로 인정할 수 있다면, 질투는 나를 괴롭히는 감정이 아니라, 나를 조금 더 성장하게 만드는 힘이 될 수도 있다.

이럴 땐 이렇게 말해보세요

- "사실은 부럽고, 조금 질투도 났어요. 나도 잘하고 싶어서요."
- "그 사람을 미워하는 건 아니에요. 그냥 제가 더 초라하게 느껴졌어요."
- "저 감정이 질투리는 걸 알아요. 그래서 지금 제 마음을 들여다보려 해요."

16. 비교
자꾸만 나를 작게 만들 때

→ 그 사람의 웃음이, 이상하게 나를 더 초라하게 만든다

　비교는 의식하지 않아도 마음속에서 자동으로 작동하는 감정이다. SNS를 보다가, 같은 일을 하는 누군가의 성과를 들었을 때, 나보다 어린 사람이 더 앞서 나가는 모습을 마주했을 때—그럴 때면 나도 모르게 마음속 저울이 움직이기 시작한다. 처음엔 그냥 스쳐 지나가는 감정 같지만, 자주 반복되면 나라는 사람의 크기를 스스로 줄이게 된다. "나는 왜 저만큼 못할까", "나는 아직 여기에 머물러 있는데…" 하는 마음이 점차 쌓여, 존재 자체를 초라하게 만든다.

　비교는 누구나 하지만, 모두가 같은 방식으로 느끼는 건 아니다. 누군가는 그것을 동기부여로 삼고, 또 누군가는 그 무게에 짓눌린다. 문제는 비교 자체보다, 비교를 통해 '자신을 해석하는 방식'에 있다. 우리는 비교의 순간, 자신을 하나의 숫자나 결과로 환원시킨다. 점수, 연봉, 성과, 외모, 말투, 팔로워 수 같은 것들이 마치 나의 전부인 것처럼 느껴지는 것이다. 그러나 그것은 진짜 내가 아니다. 비교라는 프레임 안에서 왜곡된, 일부일 뿐인 나일 뿐이다.

　우리는 각자의 속도로 걷고, 각자의 삶을 살아간다. 누구는 빠르게 보이지만 그만큼 감당해야 할 것들도 다르고, 누구는 느려 보이지만 결코 멈춘 것이 아니다. 비교가 고통이 되는 이유는 대부분 '다름'을 '열등함'으로 해석하기 때문이다. 하지만 다름은 곧 다양함이고, 다양함은 결국 '나다움'을 만들어주는 가장 중요한 조건이다.

비교는 피할 수 없지만, 그로 인해 스스로를 깎지 않는 훈련은 가능하다. 누군가의 삶을 마주했을 때 "나는 왜 저렇지 못할까"가 아니라 "나는 지금 어떤 길을 걷고 있을까"를 묻는 것. 비교의 순간에 나 자신을 더 깊이 이해하려는 태도는, 내 마음의 균형을 지켜주는 힘이 된다.

비교는 때로 나를 작게 만들지만, 동시에 나의 진짜 모습을 발견하게도 한다. 몰랐던 내 욕망과 불안, 나의 속도와 가치관을 들여다보게 해주는 감정이기 때문이다. 그 감정을 부끄러워하지 말고, 그 안에 숨겨진 나만의 리듬을 존중해보자. 세상에는 반드시 나처럼 살아야 할 이유가 있다.

이럴 땐 이렇게 말해보세요

- "비교는 하게 되지만, 그게 나를 평가하는 기준이 되지 않았으면 좋겠어요."
- "그 사람은 그 사람의 길을 걷고 있고, 나는 나의 속도로 가고 있어요."
- "나답게 살기 위한 기준을 조금씩 다시 세워보려 해요."

17. 외로움
함께 있어도 외로울 때

→ 여럿이 있어도, 마음 둘 곳 하나 없어 허전해지는 순간

외로움은 혼자 있을 때만 찾아오는 감정이 아니다. 때로는 사람들 틈에 섞여 있어도, 대화 속에 있어도, 웃고 있는 와중에도 마음 한편은 조용히 텅 비어 있을 수 있다. '나는 이 안에 있지만, 아무도 나를 진짜로 바라보지 않는 것 같아', '이 많은 사람 중에 내 속마음을 아는 사람은 없구나' 하는 생각이 스치면, 외로움은 말없이 스며든다. 그 감정은 소음 속의 침묵처럼, 온기를 기대한 자리에 차가운 공기로 다가온다.

이런 외로움은 설명하기도 어렵고, 드러내기도 애매하다. "사람들 사이에 있었는데 왠지 더 외로웠어"라는 말을 꺼내면 이상하게 들릴까 봐 입을 닫고, 그냥 그런 날이겠거니 하며 마음을 감춰버리게 된다. 그러나 외로움은 감정 중에서도 가장 오래 남고, 천천히 사람을 지치게 만든다. 이유를 모를수록 더 무겁고, 다가갈 사람을 찾지 못할수록 더 깊어진다. 이 감정은 관계의 양이 아니라 연결의 '질'에서 비롯된다.

함께 있는 것과, 함께하고 있다고 '느끼는 것'은 다르다. 마음이 닿지 않는 관계 속에서는 아무리 많은 말을 주고받아도 오히려 더 공허해질 수 있다. 상대가 내 말에 집중하지 않거나, 표면적인 질문만 던지고 진심

을 들어주지 않을 때, 또는 내가 진심으로 꺼낸 말을 가볍게 흘려들었을 때, 마음은 점점 투명해지고, 결국은 외로움만이 남는다. 그럴수록 우리는 점점 조용해지고, 말수도 줄어든다.

하지만 외로움은 약하거나 이상한 감정이 아니다. 오히려 그만큼 관계에 대한 기대가 있었고, 누군가와 연결되고 싶은 마음이 컸다는 증거다. 중요한 건, 그 외로움을 외면하지 않고 스스로도 인정해주는 것이다. "나는 지금 외롭다"고 누군가에게 말하지 않더라도, 내 마음속에서만큼은 말해주는 것이다. 그리고 그 감정이 잘못된 것이 아니라, 내 마음이 보내는 자연스러운 신호임을 받아들이는 것이다.

때로는 외로움을 줄이는 가장 좋은 방법이, 누군가에게 먼저 다가가는 작은 용기일지도 모른다. 꼭 깊은 이야기를 나누지 않더라도, 그 사람의 말에 조금 더 귀를 기울여보려는 태도, 내 마음을 조심스레 건네보는 시도만으로도 외로움은 서서히 물러날 수 있다. 외로움은 혼자 있기 때문이 아니라, 내 마음을 알아주는 사람이 없다고 느낄 때 시작된다. 그리고 그 마음을 가장 먼저 알아줄 수 있는 사람은 다름 아닌, 나 자신일지도 모른다.

이럴 땐 이렇게 말해보세요

- "사람들과 있었는데도 이상하게 마음은 더 허전했어요."
- "괜찮은 척했지만 사실은 조금 외로웠어요."
- "내 마음을 누구도 모른다는 생각이 들어서, 조용히 혼자 있고 싶었어요."

18. 무시당한 느낌
가볍게 여겨질 때

→ 잡히지 않는 미래가 자꾸만 지금을 흔들어댄다

무시당한 느낌은 종종 말보다 태도에서 먼저 전해진다. 대답 없는 침묵, 건성으로 던진 반응, 내 말을 끝까지 들으려 하지 않는 시선. 아주 작은 표현 하나에서도 '나는 지금 중요하지 않구나' 하는 감정이 밀려온다. 상대가 의도했든 아니든, 그 순간 마음은 조용히 움츠러들고, 존재의 무게가 가벼워지는 듯한 기분이 남는다. 누군가가 노골적으로 깎아내리는 말을 한 것도 아니고, 직접적으로 무례하게 굴었던 것도 아니지만, 오히려 그런 애매한 분위기 속에서 마음은 더 깊이 다친다.

이 감정은 가까운 관계에서 더 자주, 더 강하게 다가온다. 오랜 시간 함께한 사람에게 무심한 반응을 받았을 때, 내가 낸 의견이 쉽게 묵살되었을 때, 나만 빠진 채 중요한 일이 결정되었을 때. 겉으로는 아무 일도 없었지만, 마음속에서는 분명한 감정이 남는다. '내가 가볍게 여겨졌구나'라는 인식은 생각보다 오래 남고, 관계를 천천히 멀어지게 만든다.

무시당한 느낌은 자존감과 깊이 연결되어 있다. 우리는 이 감정을 통해 자신이 얼마나 존중받고 있는지를 끊임없이 되묻게 된다. 하지만 이 감정을 설명하기란 쉽지 않다. "그건 좀 무시당한 느낌이었어요"라고 말하면 괜히 예민한 사람처럼 보일까 봐 마음을 접게 되고, 그렇게 눌러둔 감정은 결국 거리감을 만들고 만다. 말하지 못한 마음은 관계 안에서 점점 굳어지고, 침묵으로 굳어진 감정은 결국 단절로 이어질 수 있다.

이럴 때 중요한 건, 내가 그런 감정을 느꼈다는 사실 자체를 먼저 인정하는 일이다. 상대의 의도가 어땠든, 내 마음이 상했다면 그것은 진짜다. 그 감정을 억누르지 말고, 나를 위한 방식으로 다뤄보자. 가볍게 여겨졌다고 느꼈던 순간들 속에서 나는 무엇을 원했는지를 차분히 들여다보고, 다음에는 나를 더 잘 지킬 수 있는 언어를 준비해보는 것이다.

무시당한 느낌을 덜어내는 첫걸음은 내가 나를 무시하지 않는 것이다. 내 감정을 정당하게 바라보고 존중하는 태도는, 타인의 시선보다 훨씬 더 오래 나를 지켜준다. 누군가의 짧은 말보다, 내가 나에게 건네는 말이 더 단단해야 한다. 그렇게 내 감정을 있는 그대로 인정하고 보듬는 연습을 하다 보면, 작은 무시에도 휘둘리지 않는 내 안의 중심이 자라나게 될 것이다.

이럴 땐 이렇게 말해보세요

- "그 말이 좀 가볍게 느껴졌어요. 제 이야기가 진심으로 전해지지 않은 것 같아서요."
- "그 상황이 조금 불편했어요. 제가 존중받지 못하는 기분이 들었거든요."
- "작은 말이라도 저에겐 오래 남을 수 있어요. 그래서 조심스러웠어요."

19. 배신감

믿었던 사람에게

→ 처음의 설렘은 사라지고, 익숙함조차 피곤하게 느껴질 때가 있다

배신감은 누군가를 믿었기 때문에 생기는 감정이다. 기대하지 않았던 사람에게서 받은 상처는 단지 실망으로 끝나지만, 마음을 열고 의지했던 사람에게서 돌아선 태도나 외면하는 행동, 또는 뒷말처럼 뒤늦게 알게 된 사실은 마음속에 더 깊은 질문을 남긴다. "나는 왜 몰랐을까", "어쩌다 이렇게 됐을까." 배신은 단순히 관계가 끝났다는 의미가 아니라, 내가 믿었던 시간과 감정까지 무너지는 경험이다.

가장 힘든 건 그 사람이 과거에는 분명 내 편이었고, 함께했던 좋은 기억들이 많다는 사실이다. 그래서 더 혼란스럽고, 상처받은 마음은 쉽게 정리되지 않는다. 믿었던 만큼 부정하고 싶고, 마음 한편에서는 여전히 이해하려 애쓴다. 하지만 이미 마음 어딘가는 깨져 있고, 배신은 슬픔과 분노, 허탈함이 겹쳐진 복합적인 감정으로 다가온다.

배신감은 자존감을 흔들기도 한다. "내가 너무 바보 같았나", "왜 그때 눈치채지 못했을까" 하는 자책이 따라오고, 결국 나 자신에 대한 신뢰마저 흔들린다. 그러다 보면 사람 자체를 믿기 어려워지고, 다시는 누군가에게 마음을 주지 않겠다고 다짐하게 되기도 한다. 그러나 모든 신뢰가

잘못된 것은 아니다. 어떤 상처는 분명 상대의 책임이며, 그 모든 짐을 내가 짊어질 필요는 없다.

이 감정을 회복하기 위해서는, 배신당했다는 사실보다 먼저 나의 감정을 정리하는 것이 필요하다. 무너진 믿음을 인정하고, 그 안에서 피어난 분노와 실망을 외면하지 않는 것. 그 감정이 나를 얼마나 흔들었는지를 정직하게 바라보고, 다시 나 자신을 안아주는 과정이 중요하다. 배신이 남긴 상처는 단숨에 치유되지는 않지만, 그것을 말로 꺼내고 감정에 이름을 붙이는 것부터가 회복의 시작이다.

신뢰는 무너질 수 있지만, 감정을 회복하는 힘은 내 안에 남아 있다. 누군가를 믿었다는 것은 그만큼의 진심이 있었다는 뜻이고, 그 진심은 결코 헛된 것이 아니었다. 다친 마음의 자리를 천천히 돌아보고, 다시는 나를 의심하지 않게 될 때, 우리는 더 단단한 사람으로 자라날 수 있다.

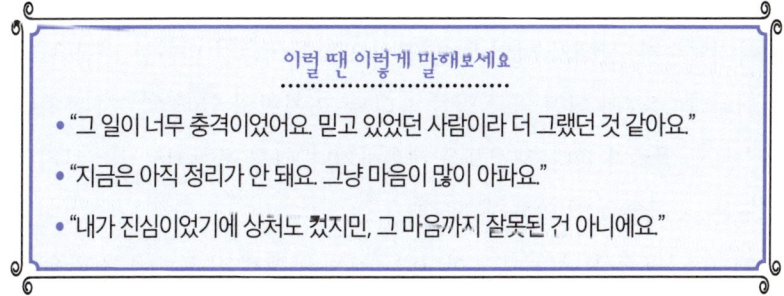

이럴 땐 이렇게 말해보세요

- "그 일이 너무 충격이었어요. 믿고 있었던 사람이라 더 그랬던 것 같아요."
- "지금은 아직 정리가 안 돼요. 그냥 마음이 많이 아파요."
- "내가 진심이었기에 상처도 컸지만, 그 마음까지 잘못된 건 아니에요."

20. 이해받고 싶은 마음
"내 말 좀 들어줘요"

→ 같은 자리에 있는데도, 서로 너무 멀게만 느껴진다

사람은 누구나 자신의 이야기를 들어주길 바란다. 꼭 해결해달라는 게 아니다. 판단 없이, 조용히, 그저 고개 한 번 끄덕여주는 것만으로도 마음은 어느 정도 풀린다. 하지만 말을 막 꺼낸 순간, 상대가 중간에 끼어들거나 "그건 네가 좀 예민한 거야", "나도 그랬어"처럼 이야기의 방향을 바꿔버리면, 말은 더 이상 안전하게 이어지지 못한다. 그때 마음은 다시 입을 닫고, 속마음은 감춰진 채로 남는다. 그리고 이렇게 반복되는 순간들 속에서 우리는 스스로 결론짓는다. '나는 이해받지 못하는 사람인가 보다.'

이해받고 싶은 마음은 약한 게 아니다. 오히려 자신을 드러내려는 용기에서 비롯된 감정이다. 아무에게나 할 수 없는 말, 쉽게 꺼낼 수 없는 이야기일수록, 상대가 나의 말을 진심으로 들어주길 바라는 마음은 더 깊어진다. 그래서 어떤 날은 말끝을 다 듣고 가만히 있어주는 사람 하나만으로도 위로가 된다. 해결책을 재촉하거나, 다른 이야기로 얼버무리는 태도는 그 마음을 더 외롭게 만든다.

때로는 "그랬구나"라는 말 한마디, "그럴 만했겠다"는 따뜻한 반응이,

복잡하게 얽힌 감정의 실타래를 풀어주는 첫 실마리가 된다. 사람은 공감 속에서 살아간다. 그리고 공감은 곧 존재를 인정받는 경험이다. 이해받고 싶다는 건 결국, 이 관계 안에서 내가 존중받고 있다는 걸 확인하고 싶은 것이다. 아무리 가까운 사이라도 이 마음이 무시되면, 마음은 조용히 멀어진다.

나도 누군가의 이야기를 끝까지 들어줄 수 있을 때, 내 마음도 더 쉽게 전해진다. 이해받고 싶은 마음은 누구에게나 있는 자연스러운 감정이고, 그 마음이 존중받을 때 관계는 단단해진다. 우리는 모두 말로 다 표현하지 못한 감정들을 안고 살아가고 있다. 그렇기에 말의 내용보다 말 뒤에 있는 마음을 들으려는 태도가 더 중요하다. 내 말 좀 들어달라고 너무 어렵게 부탁하지 않아도 되는 사이, 그게 우리가 진짜로 바라는 관계 아닐까.

이럴 땐 이렇게 말해보세요

- "지금은 그냥 들어줬으면 좋겠어요. 조언은 나중에라도 괜찮아요."
- "내가 왜 그런 말을 했는지, 그 마음을 먼저 들어줬으면 해요."
- "지금은 이해보다는 공감이 더 필요한 순간이에요."

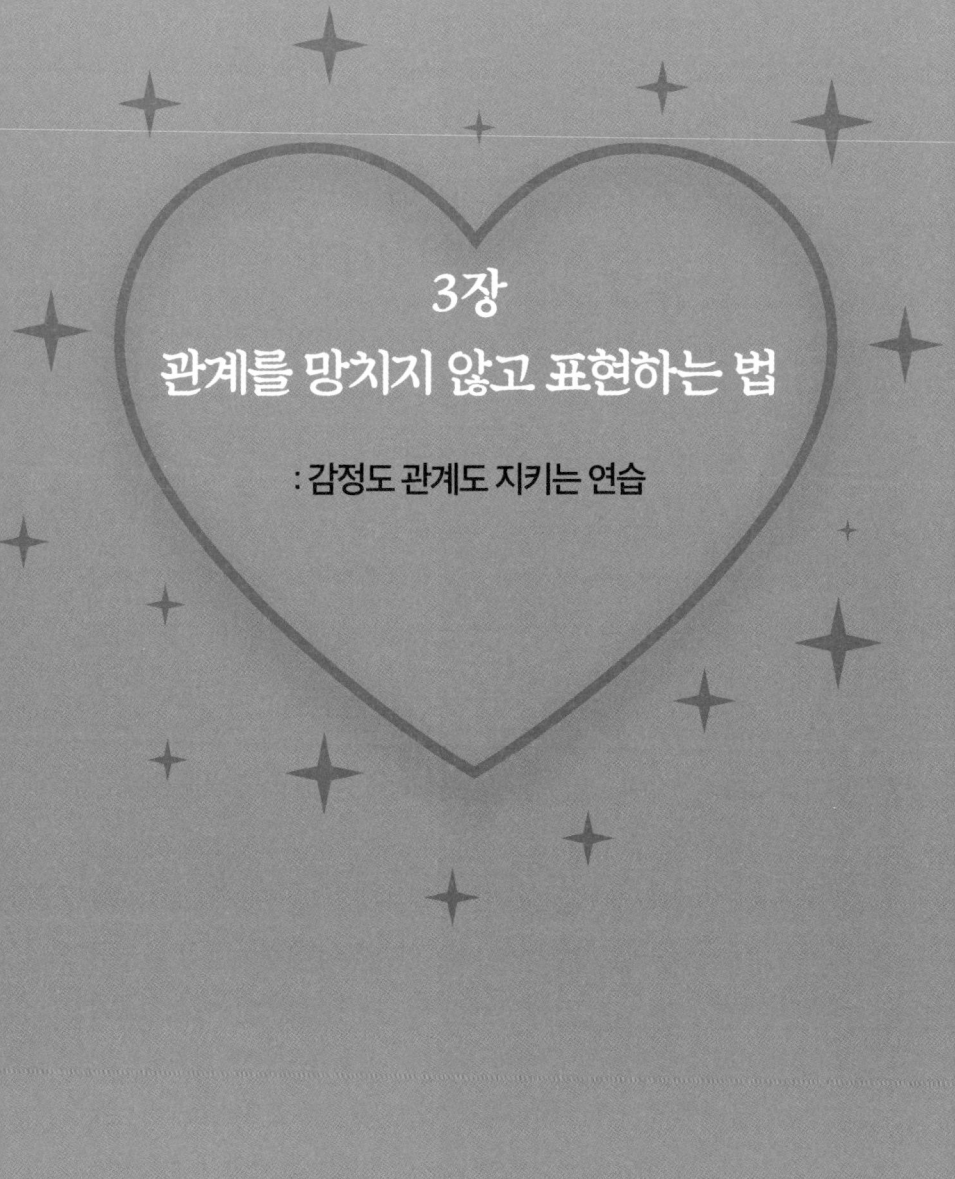

3장
관계를 망치지 않고 표현하는 법

: 감정도 관계도 지키는 연습

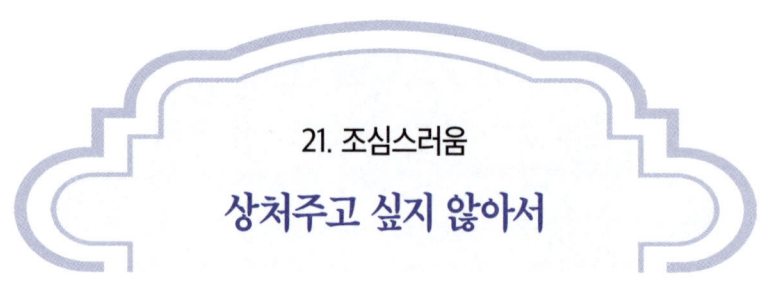

21. 조심스러움
상처주고 싶지 않아서

→ 나의 말 한마디가, 누군가의 마음에 오래 남을까 봐 망설여진다

어떤 말은 목끝까지 올라왔지만 꺼내지 못한 채 삼켜질 때가 있다. 내 감정을 표현하고 싶지만, 그 말이 누군가에게 상처가 되지는 않을까 걱정이 앞서고, 그러다 보니 결국 아무 말도 하지 못한 채 마음만 무거워질 때가 있다. 조심스러움은 나를 위한 감정보다는 타인을 배려하고 싶은 마음에서 비롯된다. 좋은 말이든 솔직한 말이든, 그 말로 인해 관계가 멀어질까 두려운 순간엔 우리는 더 조용해지고, 감정을 꾹 누르게 된다.

조심스러운 마음은 착한 의도에서 시작되지만, 계속 참고만 있다 보면 마음속에는 작은 불편함이 쌓인다. 말하지 않았다는 이유로 오해가 깊어지기도 하고, 나만 속앓이하는 상황이 반복되면 결국 내가 더 힘들어진다. 그러면서도 '내가 너무 예민한가', '괜히 말을 꺼냈다가 분위기만 망치는 건 아닐까' 하는 생각이 계속해서 표현을 막는다. 하지만 어떤 조심스러움은 결국 나 자신을 지치게 하는 감정으로 바뀌기도 한다.

상대의 마음을 헤아리는 건 분명 소중한 일이지만, 나의 마음도 함께 고려되어야 한다. 상처 주지 않기 위해 조심하는 만큼, 나의 감정을 억누르지 않도록 균형을 잡는 것이 중요하다. 때로는 상처를 주지 않으려는 말 대신, 진심을 담은 부드러운 표현이 오히려 관계를 더 깊게 만들 수 있다. 중요한 건 감정을 드러내는 방식이지, 감정을 없애는 게 아니다.

   조심스럽다는 건 사실 그만큼 관계를 소중히 여기고 있다는 뜻이다. 그래서 말 한마디, 표정 하나에도 신중해지는 것이다. 그러나 진짜 배려는 침묵이 아니라, 서로를 오해하지 않게 만드는 솔직함에 있다. 말하지 않아도 알아주기를 바라는 기대보다, 부드럽게 표현하고 함께 조율해 가려는 노력이 더 오래 관계를 지킨다. 상처 주고 싶지 않다는 마음이 나를 아프게 하지 않도록, 나의 조심스러움에도 따뜻한 시선이 필요하다.

이럴 땐 이렇게 말해 보세요

- "이 말을 꺼내기까지 조금 망설였어요. 그래도 솔직히 전하고 싶었어요."
- "기분 나쁘게 들리지 않았으면 해요. 조심스러웠지만 제 진심이에요."
- "상대방 마음도 생각했지만, 저도 제 감정을 전하고 싶었어요."

22. 애매함
말할까 말까 망설일 때

→ 분명하게 말하기엔 겁나고, 그냥 넘기기엔 마음이 걸린다

말을 꺼낼까 말까 망설이다가 끝내 하지 못한 경험은 누구에게나 있다. 마음은 분명히 불편하고, 뭔가 설명하고 싶기도 하지만, 그것을 표현하는 순간 분위기가 어색해질까 봐, 혹은 괜한 오해로 돌아올까 봐 결국 입을 다물게 된다. 감정은 선명하지만, 상황은 애매하고, 상대의 의도도 분명하지 않다. 내 마음이 과하게 예민한 건지, 아니면 감정선이 어긋난 건지조차 스스로 판단하기 어렵다. 그래서 말하기엔 이르고, 말하지 않기엔 찝찝한 그 사이에서 우리는 망설이게 된다.

애매함은 정리되지 않은 감정과 확신할 수 없는 판단 사이에서 생긴다. 누군가의 행동이 마음에 걸리지만 그것이 정말 나쁜 의도였는지 확신이 없을 때, 혹은 상대가 농담처럼 던진 말이 오래도록 남아 있을 때, 그 감정을 말로 옮기기는 쉽지 않다. 특히 가까운 사람일수록 그 망설임은 더 커진다. 괜히 말을 꺼냈다가 분위기를 망치고 싶지 않고, 혹시 내가 오해하고 있는 건 아닐까 하는 생각에 스스로를 더 조용하게 만든다.

그러나 애매한 감정도 분명히 감정이다. 불편하고 마음에 걸리는 그 느낌은 내 안에서 실제로 일어난 감정이며, 그것을 무시하거나 흘려보

내기만 하면 결국 오해나 거리감으로 남을 수 있다. 중요한 것은 애매한 감정 속에 머물고 있는 내 마음을 솔직하게 들여다보는 일이다. 그리고 그 감정을 어떻게 표현할지 천천히 연습해 보는 일이다. 단정적일 필요는 없고, 완벽하게 말할 수 없어도 괜찮다. 그저 "이런 기분이 들어서 조심스럽다"고 말할 수 있는 용기만 있어도 충분하다.

관계는 언제나 뚜렷하지 않은 지점에서 멀어지기도 하고, 반대로 더 가까워지기도 한다. 말할까 말까 망설이는 그 순간이, 솔직함과 거리감 사이를 가르는 분기점이 될 수 있다. 내 감정을 지나치게 설명하려 애쓰지 않아도 된다. 지금 내가 어떤 기분인지를 조심스럽게 전하고 싶다는 마음만으로도 충분하다. 애매한 순간에 내 마음을 다정하게 다루는 연습은, 결국 나 자신을 더 명확히 이해하는 과정이 되기도 한다.

이럴 땐 이렇게 말해보세요

- "이런 말을 해도 될지 망설였지만, 내 마음을 좀 나누고 싶어요."
- "정확히 뭐라고 설명하긴 어렵지만, 마음이 좀 불편했어요."
- "이 상황이 애매해서 괜히 조심스러웠어요. 그래도 말해보고 싶었어요."

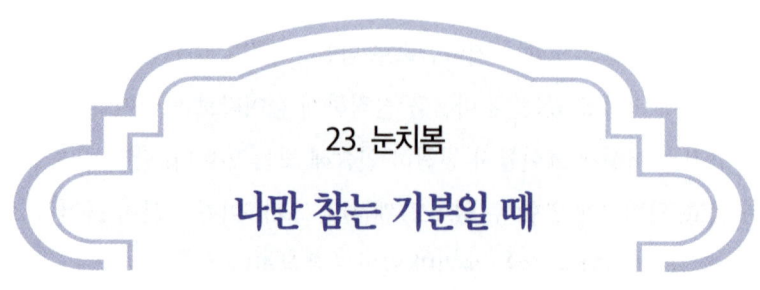

23. 눈치봄
나만 참는 기분일 때

→ 다들 편해 보이는데, 왜 나만 이렇게 조심스러울까

분명 나도 할 말이 있고, 마음에 걸리는 부분도 있다. 그러나 분위기를 망치지는 않을까, 누군가 기분이 상하진 않을까 걱정되어 한 발 물러서는 일이 반복되다 보면 마음속에는 묘한 피로감이 쌓인다. 말끝을 돌려 표현하거나 애써 웃어 넘기는 순간이 많아질수록, '왜 늘 나만 참고 있는 걸까?'라는 생각이 떠오르고, 그 순간부터 내 자리는 조금씩 작아지는 듯한 느낌이 든다. 눈치를 본다는 것은 그만큼 다른 사람의 기분을 먼저 살핀다는 뜻이지만, 정작 내 마음은 뒷전으로 밀려나기 일쑤다.

눈치는 때로 관계를 부드럽게 만드는 윤활유가 되기도 하지만, 그 정도가 지나치면 결국 나 자신을 잃게 만든다. 상대가 불편해하지 않도록 조심하고, 혹시 말이 지나치지 않았을까를 되새기며, 눈에 띄지 않도록 조심스럽게 행동하다 보면, 어느 순간부터 관계 안에서 나의 존재감이 흐려진다. 겉으로는 무난해 보이지만, 속으로는 감정이 억눌리고, 내 의견은 점점 줄어들며, 침묵은 습관처럼 자리 잡는다. 그러다 어느 날 문득, 나만 늘 맞추고 있다는 억울한 감정이 밀려올 때가 있다.

이럴 때는 먼저, 내가 지금 눈치를 보고 있다는 사실을 있는 그대로 인정하는 것이 필요하다. 상황을 살피고 배려하는 태도 자체가 잘못된 것은 아니지만, 그 과정에서 나의 감정을 희생하고 있었다면 분명 조율이 필요하다. 모든 감정을 다 표현할 수는 없더라도, 나의 생각과 경계를 조금씩 드러내는 연습은 반드시 필요하다. "이건 좀 불편했어요.", "지금은 제가 먼저 말하고 싶어요."와 같은 짧은 말도 처음엔 용기가 필요하지만, 막상 말해 보면 생각보다 관계가 쉽게 무너지지 않는다는 것을 알게 된다.

 내가 모든 것을 맞춰야만 관계가 유지되는 것은 아니다. 오히려 서로의 입장을 자연스럽게 표현하고 조율해 나가는 관계가 오래 지속된다. 눈치를 덜 보기 위해서는 무엇보다도 나 자신에 대한 신뢰가 선행되어야 한다. 내 말이 틀린 것이 아니라는 확신, 내 감정 또한 소중하다는 자각이 있어야 비로소 주눅 들지 않게 된다. 그리고 무엇보다도, 나 역시 배려받아야 할 사람이라는 사실을 잊지 않는 것이 중요하다.

이럴 땐 이렇게 말해보세요

- "늘 조심스럽게 말했는데, 이번엔 제 생각을 먼저 전하고 싶어요."
- "이런 말 하면 분위기를 깰까 봐 망설였지만, 저는 좀 불편했어요."
- "제가 너무 눈치 보면서 맞추고 있었던 것 같아요. 저도 존중받고 싶어요."

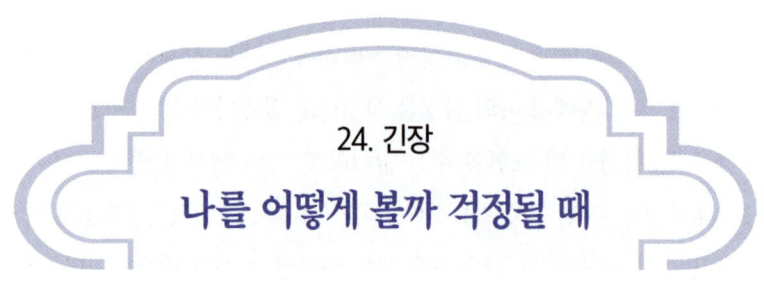

24. 긴장
나를 어떻게 볼까 걱정될 때

→ 평범한 말 한마디에도, 자꾸만 마음이 얼어붙는다

어떤 자리에서는 늘 긴장이 앞선다. 새로운 사람들과의 만남, 처음 해보는 발표, 익숙하지 않은 분위기 속에서는 나 자신을 끊임없이 관찰하게 된다. 지금 내가 이상하게 보이진 않을까, 말이 어색하게 들리진 않았을까, 표정은 자연스러웠을까. 상대가 나를 어떻게 볼지에 대한 걱정은 생각보다 오래 따라붙고, 그럴수록 몸은 더 굳고 마음은 점점 경직된다. 실수하지 않기 위해 더욱 조심하게 되고, 자연스럽게 말하던 내 모습은 서서히 사라진다.

그러나 긴장은 나쁜 감정만은 아니다. 그것은 중요한 순간에 더 잘하고 싶은 마음에서 비롯되며, 현재의 상황을 그만큼 소중하게 여기고 있다는 증거이기도 하다. 문제는 이 긴장이 '나는 부족하다'는 불안으로 연결될 때이다. 작은 말실수 하나에도 얼굴이 화끈해지고, 누군가의 시선이 곧 평가처럼 느껴질 때, 우리는 자신을 과도하게 검열하게 된다. 그러한 긴장은 결국 말은 어눌하게 만들고 행동은 어색하게 하여, 내가 원하던 모습과는 멀어지게 만든다.

하지만 긴장하는 나도 역시 나 자신이다. 아무리 잘 준비한 사람이라도 처음에는 떨릴 수 있고, 어떤 상황에서도 항상 당당할 수는 없다. 중요한 것은 그러한 나를 미워하지 않는 것이다. 긴장을 부끄러워하거나 감추려 하기보다는, 지금 이 순간 최선을 다하고 있는 나의 마음을 있는 그대로 인정하는 태도가 필요하다. 말이 조금 더듬어도, 순간적으로 막히더라도, 그것이 내 진심을 가리는 것은 아니다. 오히려 그러한 어색함이 솔직한 매력으로 다가오는 순간도 있다.

나를 어떻게 볼까에 대한 걱정을 완전히 멈추는 일은 쉽지 않지만, 그 걱정이 나를 온전히 가리게 두지 않도록 연습할 수는 있다. 긴장을 줄이는 가장 좋은 방법은 '나 자신을 믿는 마음'을 조금씩 키워가는 일이다. 실수해도 괜찮다고, 지금 이 모습 그대로도 충분하다고 스스로에게 말해줄 수 있다면, 타인의 시선에 덜 흔들릴 수 있다. 긴장된 순간에도 나를 다정하게 바라보는 여유, 그것이야말로 진짜 자신감의 시작이 아닐까.

이럴 땐 이렇게 말해보세요

- "조금 긴장돼요. 하지만 괜찮아요, 이런 감정도 자연스러운 거니까요."
- "지금 떨리긴 하지만, 제 마음은 진심이에요."
- "익숙하지 않지만, 천천히 해볼게요. 나도 괜찮다고 말해주고 싶어요."

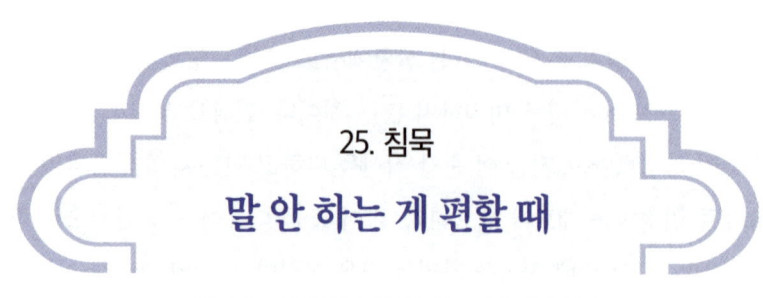

25. 침묵
말 안 하는 게 편할 때

→ 말보다 조용함이 더 안전하게 느껴질 때가 있다

　어떤 순간에는 말을 꺼내는 것보다 그냥 침묵하는 편이 오히려 마음이 덜 복잡하다. 하고 싶은 말이 없어서가 아니라, 말해 봤자 달라질 것이 없을 것 같고, 혹은 내 말이 가볍게 흘러버릴까 봐 애써 입을 다물게 된다. 말은 때로 오해를 풀어주기도 하지만, 또 다른 오해를 만들기도 하기에 복잡한 감정 속에서는 차라리 말하지 않는 쪽을 선택하게 되는 것이다. 그렇게 우리는 점점 조용해지고, 내 안에 쌓인 소리는 밖으로 나오지 못한 채 고요 속에 머물게 된다.

　침묵은 때로 나를 지키기 위한 방어이기도 하다. 감정을 더 자극하지 않기 위해, 또는 상황을 악화시키지 않기 위해 선택한 최선의 대응일 수 있다. 하지만 이러한 침묵이 반복되다 보면, 마음속에는 말하지 못한 감정들이 천천히 굳어간다. 이해받지 못한 서운함, 전해지지 못한 진심, 오해를 바로잡지 못한 채 남겨진 상처들이 겉으로는 아무 일 없는 듯이 쌓여가며, 그 무게는 결국 어느 날 아주 사소한 일에도 터져버리고 만다.

　말을 하지 않는다고 해서 감정이 사라지는 것은 아니다. 오히려 말로 꺼내지 못한 감정은 더 깊어지고, 더 오래 남는다. 그렇기에 때로는 침묵

뒤에 숨은 마음을 스스로라도 들여다볼 필요가 있다. 지금 내가 조용한 이유가 단순히 귀찮아서인지, 너무 지쳐서인지, 아니면 아직 말할 준비가 되지 않아서인지를 알아차리는 일은 중요하다. 침묵은 감정이 없는 상태가 아니라, 그 감정을 표현할 수 없거나 아직 표현할 준비가 덜 된 상태일 수도 있기 때문이다.

말하지 않아도 괜찮다. 단지 그 침묵 속에서도 내 마음이 외면당하지 않도록 다정하게 지켜보는 것이 필요하다. 누군가가 "왜 아무 말도 안 해?"라고 다그칠 때, "지금은 말보다 마음을 다스리고 있는 중이에요"라고 스스로에게라도 말해주는 일. 감정은 언제나 말로 표현되어야 하는 것은 아니지만, 언젠가 그 마음을 전하고 싶어질 때, 내가 다시 표현할 수 있는 용기를 가질 수 있도록 지금의 침묵을 존중해 주는 것이 무엇보다 중요하다.

이럴 땐 이렇게 말해보세요

- "지금은 말보다 생각이 더 많아요. 조금만 기다려줄래요?"
- "말하고 싶지 않은 건 아니에요. 단지 아직 어떻게 말해야 할지 모르겠어요."
- "조용히 있는 시간이 필요한 순간이에요. 제 마음을 정리하는 중이에요."

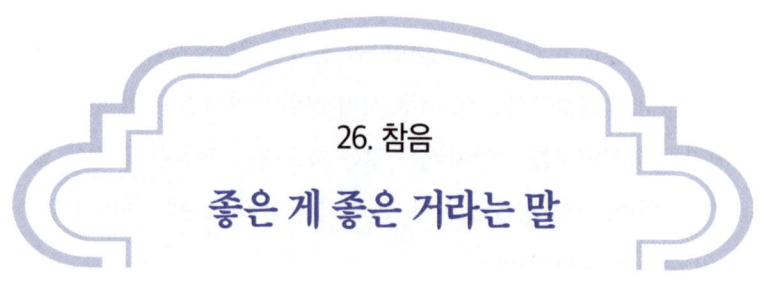

26. 참음
좋은 게 좋은 거라는 말

→ 아무 말도 하지 않는 게, 마음을 지키는 방법이 되어버렸다

우리는 종종 '참는 것'이 어른스러운 태도라고 배워왔다. 갈등을 피하려면 조용히 넘어가고, 분위기를 지키려면 어느 정도의 손해쯤은 감수해야 한다고 여긴다. 그래서 때로는 마음이 불편해도 웃어 넘기고, 하고 싶은 말이 있어도 꾹 참게 된다. "좋은 게 좋은 거지"라는 말은 마치 다툼 없이 지내려면 내 감정쯤은 잠시 미뤄두는 게 맞는 것처럼 들린다. 그러나 반복되는 참음은 어느 순간부터 내 감정을 외면하게 만들고, 나보다 타인의 감정을 먼저 살피는 일이 당연한 듯 자리 잡는다.

참는다는 것은 단지 감정을 억누르는 차원을 넘어, 나의 경계선을 조금씩 뒤로 밀어내는 일이기도 하다. 하고 싶지 않은 일에도 고개를 끄덕이고, 듣기 불편한 말에도 애써 괜찮은 척하다 보면, 점점 내가 진짜 원하는 것이 무엇인지조차 흐릿해진다. 감정을 표현하지 않으니 주변 사람들은 그것을 당연하게 여긴다. 늘 양보하던 사람이 하루쯤 거절하면 "오늘 무슨 일 있어?"라는 반응이 돌아오고, 그 말에 다시 나는 조용해진다. 참는 일이 성격처럼 굳어지고, 말 없는 태도는 어느새 배려라는 이름으로 포장된다.

물론 모든 감정을 그때마다 바로 표현할 수는 없다. 상황을 고려하고, 관계를 유지하기 위해 일정한 절제는 분명 필요하다. 그러나 감정은 사라지지 않고 마음속에 남는다. 특히 참는 데 익숙한 사람일수록, 자신이 얼마나 참고 있는지를 자각하지 못하는 경우도 많다. 그렇기 때문에 더더욱, 마음속의 불편함을 살펴보는 시간이 필요하다. 내가 자주 참는 상황은 어떤 흐름을 따르는지, 그 안에서 왜 말하지 못했는지를 스스로 묻는 연습이 필요하다.

"좋은 게 좋은 거지"라는 말은 관계를 겉보기에는 부드럽게 만들지 모르지만, 그 안에 감춰진 감정은 결코 쉽게 사라지지 않는다. 진정으로 건강한 관계는 불편함을 함께 마주하고, 감정을 조율하며 단단해지는 것이다. 참는다는 이유로 내 감정을 지워내지 말고, 때로는 "이건 조금 불편했어요"라고 조심스럽게 말할 수 있는 용기를 가져보자. 관계를 망치지 않으면서도 나를 지키는 방법은, 감정을 표현하는 연습 속에서 서서히 익혀갈 수 있다.

이럴 땐 이렇게 말해보세요

- "괜찮은 척했지만, 사실은 좀 힘들었어요."
- "좋은 게 좋은 거라며 넘겼지만, 제 마음도 좀 돌아봐 주면 좋겠어요."
- "이건 제가 늘 참고 있는 부분인데, 이번엔 좀 말하고 싶었어요."

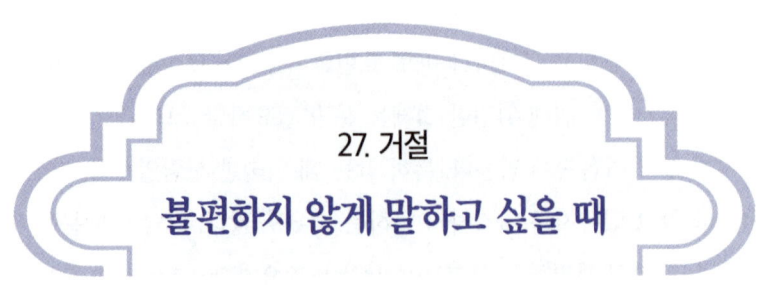

27. 거절
불편하지 않게 말하고 싶을 때

→ 상처 주고 싶지 않아 망설이다가, 결국 나만 힘들어진다

　어떤 부탁은 분명 들어주기 어렵다는 것을 알면서도, 단호하게 "안 됩니다"라고 말하는 일은 쉽지 않다. 거절하는 순간 상대가 실망하지 않을까, 혹은 나를 이기적인 사람으로 여기지 않을까 걱정되기 때문이다. 그래서 무의식중에 "생각해 볼게요"라고 말하며 상황을 유보하고, 그 사이 마음은 계속 불편해진다. 그러나 애매한 태도는 오히려 더 큰 오해를 불러일으키기도 하며, 결국에는 내가 감당하지 못할 부담으로 이어지게 된다. 거절을 잘하지 못하는 사람일수록 결정을 미루거나, 자신의 몫을 넘어서는 책임을 짊어지게 되는 경우가 많다.

　거절은 관계를 끊는 말이 아니다. 오히려 관계 안에서 나의 경계를 알리는 표현이다. 그럼에도 우리는 여전히 '거절은 곧 상처'라는 생각에 익숙해져 있다. 단호하게 말하는 것이 차가워 보이진 않을지, 상대가 나를 멀리하게 되진 않을지 걱정이 앞서고, 거절 후의 어색한 분위기를 견디는 것조차 부담스럽게 느껴진다. 그래서 작은 부탁에도 쉽게 수락하고, 내 시간을 내어주는 일이 습관처럼 반복된다. 그러나 그러한 습관이 누적되면, 결국 나만 지치고 소진된다.

사실 거절에도 연습이 필요하다. 불쾌감을 주지 않으면서도 내 입장을 정확히 전하는 말하기의 기술은 한 번에 익힐 수 있는 것이 아니다. 중요한 것은 상대의 감정을 고려하면서도, 나 자신의 감정 또한 똑같이 존중해야 한다는 점이다. 거절한다고 해서 내가 나쁜 사람이 되는 것은 아니다. 오히려 솔직하게 말하는 용기를 통해 서로를 더 정확하게 이해할 수 있고, 불필요한 기대와 오해를 줄일 수 있다. 진정한 관계는 그렇게 단단해지는 법이다.

누군가의 부탁을 거절하는 일은, 어쩌면 나를 지키기 위한 하나의 방식일지도 모른다. 거절이 서툴다고 해서 내가 부족한 것은 아니며, 지금 이 선택이 나에게 꼭 필요한 일이라는 것을 스스로 인정하는 태도는 오히려 성숙한 감정 표현이다. 부드럽되 분명하게 말하는 용기, 그것이야말로 내 시간을 지키고 관계를 건강하게 만드는 첫걸음이 될 수 있다.

이럴 땐 이렇게 말해보세요

- "좋은 제안이지만, 지금은 여유가 없어서 어렵겠어요."
- "저도 돕고 싶은 마음은 있는데, 이번에는 어려울 것 같아요."
- "고민하다가 조심스레 말씀드려요. 이번엔 정중히 사양할게요."

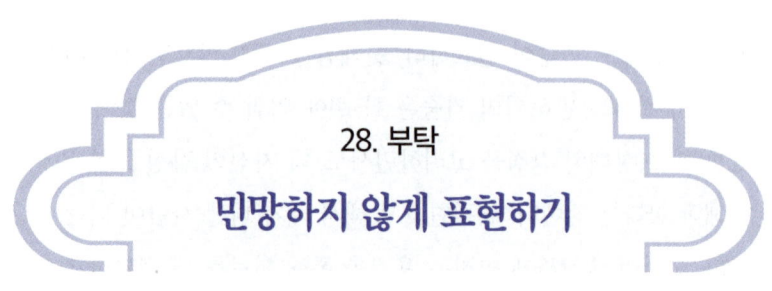

28. 부탁
민망하지 않게 표현하기

→ 너무 작은 말이지만, 건네기까지 용기가 필요했다

누군가에게 부탁하는 일은 생각보다 마음이 쓰인다. 상대가 거절하면 어쩌나, 혹시 내가 너무 의존적인 사람처럼 보이지는 않을까 걱정되기도 하고, 괜히 폐를 끼치는 건 아닐까 머뭇거리게 된다. 그래서 우리는 부탁을 하기 전, 머릿속으로 수차례 시뮬레이션을 돌려보고, 때로는 차라리 혼자 해결하려 애쓰기도 한다. 정작 도움이 필요한 순간임에도 불구하고 마음 한켠에는 '이 정도는 내가 혼자 해야지'라는 자책이 따라붙고, 부탁 자체가 미안함으로 바뀌어 버리기도 한다.

그러나 부탁은 약함의 표현이 아니다. 오히려 부탁할 수 있는 용기, 그리고 누군가에게 자신의 필요를 진심으로 전할 수 있는 관계가 있다는 것은 큰 힘이다. 혼자 감당하지 않아도 되는 일에 누군가의 손을 빌릴 수 있다는 것은, 그만큼 그 관계가 신뢰 위에 놓여 있다는 의미이기도 하다. 물론 부탁을 하기 위해서는 일정한 배려와 상황에 대한 고려가 필요하지만, 그렇다고 내 마음까지 꾹 눌러두고 민망해할 일은 아니다.

중요한 것은 '어떻게 말하느냐'이다. "부담되시면 괜찮아요", "도와주실 수 있을까요?"처럼 여지를 남긴 표현은, 상대에게 선택권을 주면서도 나의 요청을 자연스럽게 전달할 수 있는 방법이다. 민망함을 줄이고 싶을수록, 부탁에 담긴 진심과 상대에 대한 존중이 드러나야 한다. 부탁이란 결국 사람과 사람 사이를 조금 더 가까이 이어주는 기회이기도 하다. 단, 그 관계가 어느 한쪽의 일방적인 희생이나 반복적인 의존으로 흐르지 않도록, 서로의 경계를 살피는 감수성 또한 함께 필요하다.

부탁하는 일은 부끄러운 일이 아니다. 정중하게, 진심을 담아 전하는 부탁은 오히려 마음과 마음을 잇는 다리가 된다. 누군가를 믿고 손을 내밀 수 있다는 건, 내가 그만큼 마음을 열고 있다는 의미이기도 하다. 민망함보다 소중함을 먼저 떠올릴 수 있다면, 부탁은 훨씬 더 부드럽고 따뜻한 말로 다가올 수 있다.

이럴 땐 이렇게 말해보세요

- "시간 괜찮으시면 이 부분 좀 도와주실 수 있을까요?"
- "부담되면 말씀 주세요. 그래도 혹시 가능할까 해서요."
- "제가 혼자 하기엔 조금 벅차서, 도와주시면 정말 감사하겠습니다."

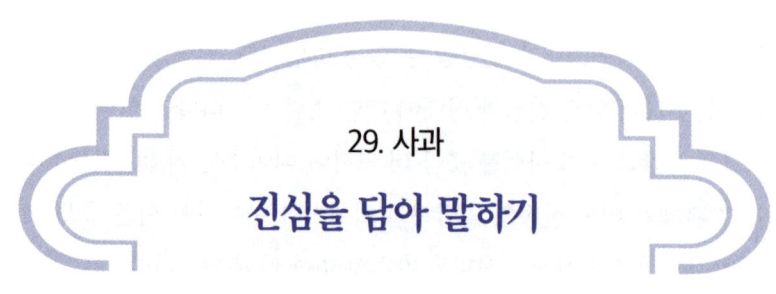

29. 사과
진심을 담아 말하기

→ 미안하다는 한마디 안에, 수많은 망설임이 담긴다

    잘못한 일이 분명할 때, 사과는 당연한 일처럼 보이지만 막상 그 순간이 되면 입이 쉽게 떨어지지 않는다. 내 행동이 누군가에게 상처를 주었다는 사실을 인정하는 일은 생각보다 어렵다. 괜히 변명을 덧붙이고 싶고, 오해였다고 설명하고 싶은 마음이 자꾸 고개를 든다. '사과'라는 단어는 짧지만, 그 안에는 책임과 후회, 그리고 용기가 함께 담겨야 하기에, 단순히 "미안해요"라는 말 한마디로는 온전히 마음이 전해지지 않을 때도 있다.

    진심 어린 사과는 상대에게 위로가 되기도 하지만, 그보다 먼저 나 자신의 마음을 다잡는 일이다. 내가 한 말이나 행동이 상대에게 어떤 영향을 주었는지를 돌아보고, 그 감정의 깊이를 받아들이는 순간부터가 사과의 시작이다. 때로는 의도하지 않은 말 한마디가 누군가에게는 깊은 상처가 될 수 있고, 아무렇지 않게 넘긴 일이 상대에게는 오래도록 남는 기억이 되기도 한다. 사과란, 그 차이를 이해하려는 진심 어린 노력이며, 관계를 회복하고자 하는 마음을 전하는 과정이다.

    사과할 때 가장 중요한 것은 마음을 단순하고 정직하게 담는 일이다.

변명보다는 공감이 먼저이며, 자신의 입장을 설명하기보다는 상대의 감정을 먼저 인정하는 태도가 필요하다. "그럴 의도는 아니었어요"라는 말은 오히려 마음의 벽을 높이기도 한다. 그보다는 "그 말이 상처가 되었구나. 미안해요. 제 불찰이에요"라고 전하는 표현이 방어가 아닌 이해의 자세를 보여준다. 혹 상대가 내 사과를 곧바로 받아들이지 않더라도, 그 순간 내가 할 수 있는 가장 성숙한 태도는 진심을 담아 정중하게 사과하는 일이다.

사과는 관계의 마침표가 아니라 쉼표다. 서로에게 다시 한 걸음 다가갈 수 있는 틈이며, 마음을 회복할 수 있는 소중한 기회이다. 그러니 더 늦기 전에, 상처가 더 깊어지기 전에, 내가 먼저 다가가는 용기를 내보자. 진심은 말의 수보다 말에 담긴 태도에서 더 깊이 전해진다. 사과는 내가 틀렸다는 것을 증명하는 일이 아니라, 내가 소중히 여기는 관계를 지키기 위한 첫걸음이라는 사실을 기억하자.

이럴 땐 이렇게 말해보세요

- "내가 한 말이 상처가 되었단 걸 이제야 알았어요. 진심으로 미안해요."
- "그땐 미처 생각하지 못했어요. 제 부족함을 인정하고 사과드려요."
- "변명하지 않을게요. 당신 마음이 아팠을 걸 생각하니 너무 미안해요."

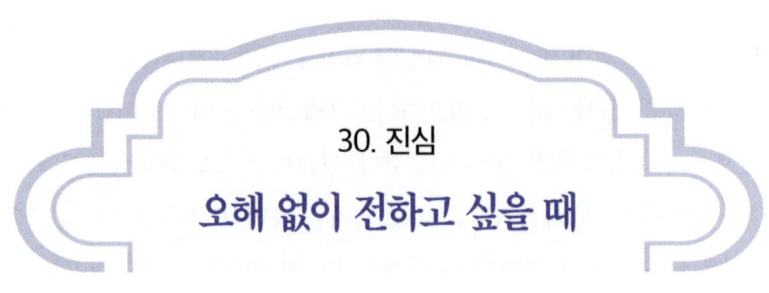

30. 진심
오해 없이 전하고 싶을 때

→ 말이 마음을 따라가 주기를, 간절히 바랐다

    진심은 언제나 전해지기를 바라는 마음에서 시작되지만, 그 마음이 고스란히 닿는 일은 생각보다 흔하지 않다. 아무리 좋은 뜻으로 한 말이라도, 듣는 이의 상황이나 감정 상태에 따라 다르게 해석될 수 있고, 말보다 먼저 표정이나 억양, 분위기에 오해가 얹히기도 한다. 그래서 우리는 자주 속상해진다. 분명 나는 진심이었다고 여겼는데, 그 마음이 왜곡되거나 무시당한 것 같은 느낌이 들고, 마음을 꺼낸 일이 후회로 남는 순간도 있다. 그럴수록 다음에는 더 쉽게 말하지 못하게 되고, 진심은 점점 마음속에만 머물며 표현에 점점 서툴러진다.

    진심을 전하는 일은 그 자체로 용기가 필요한 일이다. 자신의 마음을 꺼내 보이며, 상처받을 가능성 앞에 스스로를 내어놓는 일이기 때문이다. 그래서 우리는 자꾸 망설이게 된다. 이 말을 해도 괜찮을까, 혹시 부담스럽게 들리진 않을까, 거절당하면 어쩌지. 이러한 생각이 많아질수록 말은 꼬이고, 전달하고자 했던 핵심은 흐려진다. 마음은 진심인데 설명이 길어지고, 오히려 말이 많아질수록 상대는 중심을 놓칠 수 있다.

    그래서 진심은 오히려 단순하게 말하는 것이 가장 좋다. 화려한 표현보다 솔직한 말이 더 쉽게 닿고, 긴 설명보다 한 문장이 더 크게 울릴 때가 있다. "그냥 네가 좋아서 그랬어." "도와주고 싶었어." "네가 힘들어 보여서 마음이 쓰였어." 이런 짧고 투명한 말은 오히려 상대의 마음을 여는 열쇠가 된다. 진심이란 감정을 증명하는 것이 아니라, 그 사람을 향한 나의 태도를 보여주는 일이기에 굳이 설득하려 애쓸 필요는 없다. 오해가 생겼다면 다시 천천히 풀어가면 될 일이며, 그 진심이 소중한 만큼, 그 전달의 과정도 다정해야 한다.

진심은 한 번의 말보다 그 이후의 태도에서 더 진하게 드러난다. 말은 순간이지만, 진심은 시간 속에서 믿음으로 자라난다. 조심스럽지만 단단하게, 내가 전하고 싶은 마음을 조금씩 꾸준히 표현해 나가다 보면, 언젠가는 반드시 닿게 되어 있다. 진심은 언제나 돌아오는 법이니까.

이럴 땐 이렇게 말해보세요

- "이 말이 어떻게 들릴지 걱정되지만, 나는 정말 진심이에요."
- "내가 서툴게 말했을 수도 있지만, 마음만큼은 진짜였어요."
- "오해가 있었다면 미안해요. 그만큼 당신을 소중히 여겼어요."

4장
불안과 걱정 속에서

: 마음의 파도가 일렐 때

31. 불안함
알 수 없는 일이 두려울 때

→ 잊힌 등불을 다시 켤 때

　불안은 예고 없이 스며든다. 별일 아닌 생각이 꼬리를 물고 이어지고, 아직 일어나지 않은 일에 마음이 앞서 떨리기 시작한다. 머리로는 '걱정한다고 달라질 게 없다'는 사실을 알고 있지만, 마음은 자꾸 미래로 달려가 한참 앞의 상황을 상상하며 혼자 지쳐간다. 내일의 실수, 누군가의 반응, 준비되지 않은 변화에 대한 두려움은 지금 이 순간을 온전히 살지 못하게 만든다. 불안은 언제나 '모른다'는 사실에서 비롯되고, 그 모름은 마음속에 빈틈을 남긴 채 계속해서 질문을 던진다. 정말 괜찮을까? 내가 잘 해낼 수 있을까?

　불안이 찾아올 때 우리는 종종 그 감정을 없애려 애쓴다. 괜찮은 척하거나, 억지로 긍정적인 생각을 덧씌우고, 바쁘게 움직이며 감정을 외면하려 들기도 한다. 그러나 불안은 억누른다고 사라지는 감정이 아니다. 오히려 그 감정을 정면으로 마주하고, 지금 내가 무엇을 두려워하고 있는지 구체적으로 들여다볼 때 비로소 조금씩 작아진다. 막연한 불안일수록 더 명확한 언어가 필요하다. 이름 붙일 수 없는 감정은 더욱 크고 무섭게 느껴지기 때문이다.

불안한 마음을 다스리는 첫걸음은, 그 감정을 느끼고 있는 나 자신을 비난하지 않는 데 있다. 누구나 불안할 수 있다. 불안은 실패가 아니라, 자연스러운 감정의 흐름이며, 더 잘하고 싶은 마음이 만든 또 다른 얼굴이기도 하다. 결국 불안하다는 건 어쩌면 내가 그만큼 간절하다는 뜻인지도 모른다. 그렇다면 불안을 억지로 없애려 애쓰기보다, 그 감정을 품고서도 조금씩 앞으로 나아가는 연습이 필요하다. 두려움을 끌어안고도 한 걸음 내딛는 일, 그것이야말로 진짜 용기가 아닐까.

불안은 멈추게 만들지만, 동시에 또 다른 시작의 신호이기도 하다. 불안하다는 건 변화가 가까워졌다는 뜻이기도 하니까. 내가 두려워하는 그 길의 끝에는, 지금은 상상할 수 없는 나의 새로운 모습이 기다리고 있을지도 모른다.

이럴 때 이렇게 말해보세요

- "지금 마음이 좀 불안해요. 그래도 괜찮아질 거라 믿고 있어요."
- "불안하다는 건, 그만큼 이 일이 내게 중요하다는 뜻이에요."
- "두려움이 있긴 하지만, 한 걸음씩 가보려 해요."

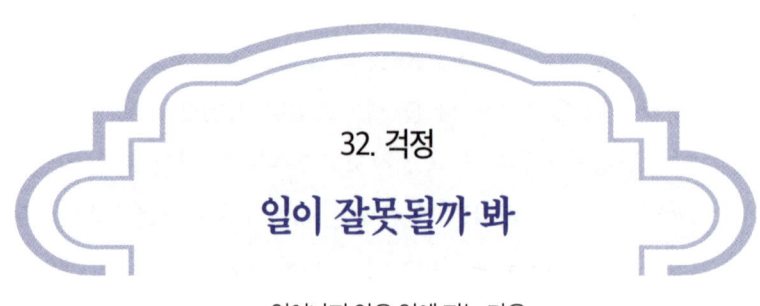

32. 걱정
일이 잘못될까 봐

→ 일어나지 않은 일에 지는 마음

걱정은 작은 실금처럼 시작된다. 처음에는 별일 아니라고 넘겼던 생각이 어느 순간 마음속을 조용히 잠식하고, 마치 실제로 문제가 일어난 것처럼 온 신경이 그쪽으로 쏠리게 된다. "괜찮겠지"라고 다독이다가도, 곧바로 "혹시…"로 시작하는 생각들이 꼬리를 물며 이어지고, 결국 해야 할 일보다 아직 일어나지 않은 문제에 더 많은 에너지를 쏟게 된다. 걱정은 닥치지 않은 미래를 미리 살아내는 감정이다. 그 미래가 어긋날까 봐, 내가 감당하지 못할까 봐, 혹은 누군가에게 실망을 줄까 봐 마음은 점점 무거워진다.

사실 걱정은 완전히 없앨 수 없는 감정이다. 우리는 누구나 불확실한 미래 앞에서 크고 작은 불안을 느끼며 살아간다. 문제는 그 걱정이 너무 커져 현재의 나를 잠식할 때이다. 걱정이 깊어질수록 우리는 눈앞의 현실을 있는 그대로 바라보지 못하게 되고, 판단은 흐려지며 마음은 점점 조급해진다. 그렇게 되면 결국 최악의 시나리오만을 반복해서 떠올리게 되고, 현실보다 앞선 불안 속에서 스스로를 지치게 만든다. 걱정이 현실보다 먼저 달리기 시작하면, 삶은 현재가 아닌 상상의 불안으로 향하게 된다.

  중요한 것은 걱정을 억지로 없애려 하기보다, 그것과 건강한 거리를 유지하는 법을 익히는 것이다. "지금 내가 할 수 있는 일은 무엇일까?"라는 질문을 스스로에게 던져보는 것, 그 질문을 통해 다시 현실에 발을 디디는 연습이 필요하다. 그 순간 내가 조절할 수 있는 것과 그렇지 않은 것을 구분하고, 가능한 부분에 집중하며 준비하되, 그 외의 것은 흘려보낼 수 있어야 한다. 걱정을 억누르기보다, 그 감정에 휘둘리지 않도록 스스로를 다독이며 중심을 지키는 태도가 필요하다. 때로는 걱정조차도 나를 보호하려는 마음의 한 방식임을 인정하고, 그것이 지나친 자책이나 두려움으로 번지지 않도록 내 마음을 지켜주는 것이 중요하다.

  걱정은 내가 그만큼 이 일을 잘 해내고 싶다는, 다르게 말하면 애정의 또 다른 표현일지도 모른다. 그러니 스스로에게 이렇게 말해보자. "걱정이 드는 건 자연스러운 일이야. 하지만 그 안에 갇히지 말고, 지금 내가 할 수 있는 일에 집중하자." 걱정을 완전히 줄일 수는 없더라도, 그 안에서 중심을 잃지 않으려는 태도는 스스로 만들어갈 수 있다.

이럴 땐 이렇게 말해보세요

- "지금은 걱정이 많지만, 하나씩 해보면 괜찮아질 거예요."
- "모든 걸 다 알 수는 없지만, 준비할 수 있는 만큼은 하고 있어요."
- "불안하지만 괜찮아요. 걱정한다고 해서 모든 게 무너지진 않아요."

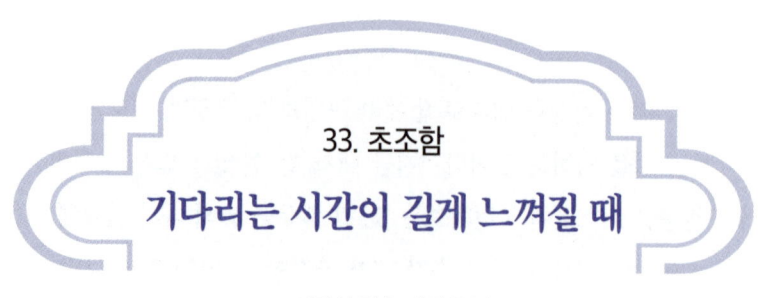

33. 초조함
기다리는 시간이 길게 느껴질 때

→ 시간이 멈춘 것 같은 날

　기다림이라는 감정은 이상하리만치 시간을 두 배쯤 느리게 만든다. 무엇을 기다리는지가 분명할수록, 그리고 그것이 내게 중요할수록 시간은 더욱 천천히 흐른다. 결과를 기다리는 동안 손에 잡히는 일이 없고, 마음은 온통 그쪽으로 끌려가게 된다. '혹시 내가 뭔가 놓친 건 아닐까', '왜 아무런 연락이 없지', '괜히 나만 신경 쓰고 있는 건 아닐까' 같은 생각들이 머릿속을 반복하며 마음을 초조함으로 가득 채운다. 머리는 이성적으로 상황을 정리하려 애쓰지만, 가슴은 조용히 불안의 소리를 키워가고, 그 틈에서 우리는 자꾸만 자신을 의심하게 된다.

　초조함은 내가 통제할 수 없는 시간과 마주할 때 생겨난다. 아무리 애써도 당장 바뀌지 않는 상황 앞에서 느끼는 무력함이 그 바탕에 있다. 그렇기에 초조해지는 건 어쩌면 당연하다. 초조함은 그만큼 내가 이 일에 진심이라는 증거이기도 하고, 무언가를 간절히 바라고 있다는 반응이기도 하다. 중요한 것은 이 감정을 어떻게 다루느냐에 있다. 결과만을 바라보며 같은 자리에 머무르다 보면 어느새 내 중심이 흔들리고, 감정까지 쉽게 흐트러질 수 있다. 그래서 불확실한 시간을 견뎌내기 위해서는 기다리는 그 순간에도 내가 할 수 있는 일을 찾아보는 태도가 필요하다.

기다림은 단지 결과를 받아들이기 위한 시간이 아니다. 오히려 그 과정 속에서 나 자신을 정돈하고 다듬을 수 있는 기회가 되기도 한다. 초조함을 억누르기보다는, 먼저 그 감정을 알아차리고 인정하는 것부터 시작해보자. "지금 나는 조급하다. 하지만 괜찮다. 이 시간을 허투루 보내지 않고 나를 돌아보는 기회로 삼을 수 있다." 이렇게 스스로에게 말을 건네는 연습은 마음을 진정시키고, 감정의 중심을 다시 나에게로 되돌려준다.

초조함을 없애기보다, 그 속에서 중심을 잡는 법을 익히는 것. 그것이야말로 감정에 휘둘리지 않고 현재를 견디는 가장 현실적인 연습일지 모른다.

이럴 땐 이렇게 말해보세요

- "결과는 아직 모르지만, 그 사이 나는 나를 잘 다듬고 있어요."
- "조급한 마음이 들지만, 그만큼 진심이라는 뜻이겠지요."
- "기다림도 내 몫의 시간이라 생각하며 천천히 지내보려 해요."

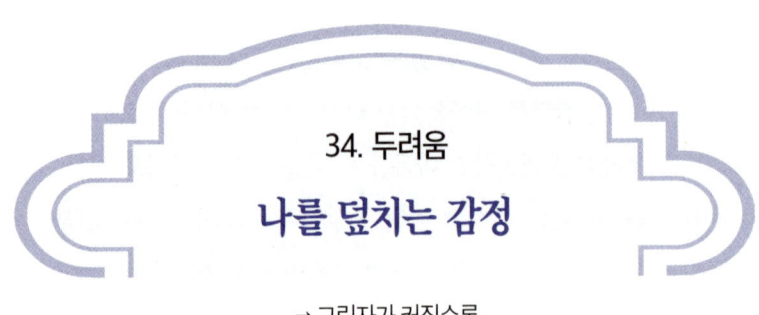

34. 두려움
나를 덮치는 감정

→ 그림자가 커질수록

　두려움은 예고 없이 다가온다. 아주 사소한 생각 하나가 마음 깊은 곳을 건드리는 순간, 온몸이 얼어붙는 듯한 위축감이 밀려오고, 숨이 가빠지며 모든 가능성이 차단되는 듯한 느낌에 사로잡힌다. 눈앞에 실제로 위험이 있는 것도 아닌데도, 마음은 이미 도망치고 싶고, 스스로를 지키기 위해 모든 걸 멈추고 싶어진다. 이 감정은 이성보다 빠르게 반응하고, 생각보다 더 깊고 강하게 파고들어, 우리가 애써 붙잡고 있던 용기와 평정을 눈 깜짝할 사이에 빼앗아 가버린다.

　두려움은 본능이다. 생존을 위해 본래 우리에게 주어진 감정이지만, 그것이 지나치게 커지면 오히려 삶의 흐름을 가로막는 장애물이 되기도 한다. 그래서 우리는 종종 두려움을 인정하지 않으려 한다. 두려운 것이 아니라 아직 준비가 덜 된 것이라고, 단지 신중한 것뿐이라고 말하며 감정을 감춘다. 그러나 감정은 감출수록 더 강해진다. 두려움은 나약함의 표현이 아니라, 오히려 내가 어떤 일을 그만큼 중요하게 여기고 있다는 신호다. 그렇기에 두려움을 마주할 때 필요한 것은 감추는 기술이 아니라, 그 감정에 조용히 이름을 붙이고 다정한 시선으로 바라보는 용기다.

나는 지금 무엇이 두려운 걸까. 실패에 대한 불안일까, 누군가의 시선이 무서워서일까, 아니면 나 자신을 믿지 못하기 때문일까. 스스로에게 질문을 던지고, 그 감정을 구체적으로 바라볼수록 두려움은 점차 형태를 드러낸다. 그렇게 실체를 마주하는 순간부터 마음은 서서히 중심을 되찾기 시작한다. 모든 두려움을 없앨 수는 없지만, 그 두려움을 끌어안고도 한 걸음 내딛을 수 있다면, 그것만으로도 우리는 이미 충분히 잘하고 있는 것이다.

두려움은 멈추라고 말하지만, 동시에 준비하라는 신호이기도 하다. 그러니 도망치지 말고, 천천히 숨을 고르며 이렇게 말해보자. "두려워도 괜찮아. 이 감정을 느끼는 나 역시 나니까. 그리고 이 감정을 지나면 분명, 지금보다 조금 더 단단해져 있을 거야."

이럴 땐 이렇게 말해보세요

- "지금 나는 두렵지만, 그래도 한 걸음씩 가볼 거예요."
- "두려움이 있다는 건, 그만큼 이 일이 내게 중요하다는 뜻이에요."
- "괜찮아, 두려워도 나는 나를 지킬 수 있어요."

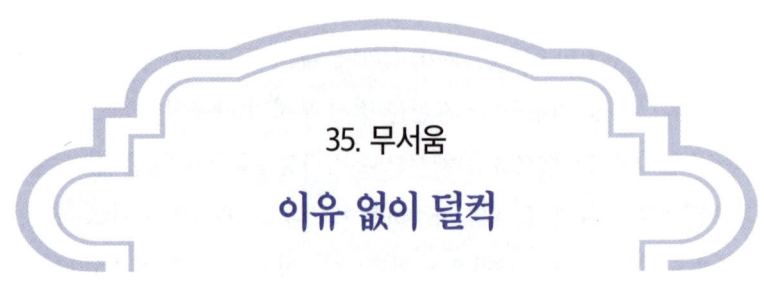

35. 무서움
이유 없이 덜컥

→ 이름 없는 공포를 마주할 때

어떤 날은 아무 일도 없었는데 괜히 마음이 덜컥 내려앉는다. 평소와 다르지 않은 창밖 풍경이 유난히 낯설게 느껴지고, 평소 같았으면 흘려들었을 소리에도 가슴이 철렁한다. 특별한 일이 일어난 것도 아닌데, 몸은 긴장하고, 설명할 수 없는 불길한 예감이 마음속을 채운다. 무서움은 종종 그런 식으로 찾아온다. 뚜렷한 이유도, 분명한 경고도 없이. 그래서 더 당황스럽고, 설명할 수 없어 더 불편하게 느껴진다.

무서움이라는 감정은 때로 외로움과 맞닿아 있다. 내가 혼자라는 생각, 누구도 내 마음을 알아주지 못할 것 같은 느낌이 스며들 때, 세상은 갑자기 너무 크고 낯설게 다가온다. 그런 날은 한낮의 햇살조차 흐릿하게 느껴지고, 사람들의 웃음소리마저 멀리 떨어진 배경음처럼 들린다. 이 무서움은 단순한 공포라기보다, 나라는 존재가 세상 속에서 아주 작게 느껴지고, 세상의 속도에 맞추지 못할 것 같은 막막함에 가깝다.

사람들은 흔히 무서움에는 분명한 원인이 있어야 한다고 생각하지만, 감정은 언제나 논리로 움직이지 않는다. 그러니 '왜 이렇게 겁이 날까?' 하고 자책하기보다는, 지금 내가 느끼는 이 감정이 몸과 마음이 보내는 작은 신호일지도 모른다고 여기는 것이 좋다. 어쩌면 '잠시 멈추고 쉬고 싶다'는 마음이, 혹은 '나를 너무 다그치지 말아달라'는 간절함이 그런 감정으로 표현되고 있는 것인지도 모른다. 무서움은 반드시 피하라는 경고가 아니라, 잠시 속도를 늦추라는 다정한 요청일 수도 있다.

그럴 때는 애써 이겨내려 하지 않아도 괜찮다. 오히려 무서움을 느끼는 나 자신에게 조용히 말을 걸어주는 일이 먼저다. "괜찮아, 나 지금 좀 무섭구나. 하지만 이 감정도 곧 지나갈 거야. 나는 안전해." 그렇게 내 안의 어린 마음을 다정하게 쓰다듬어주는 일, 그것이 무서움 속에서 우리가 자신에게 건넬 수 있는 가장 깊은 위로일지 모른다.

이럴 땐 이렇게 말해보세요

- "이유는 모르겠지만 지금 무서워요. 잠깐 숨 고를 시간이 필요해요."
- "괜찮아, 지금은 무서울 수 있어. 그럴 수도 있는 거야."
- "나는 지금 안전해. 이 감정은 지나갈 거야."

36. 혼란스러움
머릿속이 복잡할 때

→ 생각이 서로 엉킬 때

생각이 많아질수록 마음도 점점 시끄러워진다. 정리되지 않은 감정과 판단 사이에서 머릿속은 이리저리 흔들리고, 어느 쪽이 옳은지, 무엇이 내 진짜 마음인지조차 헷갈려진다. 마음은 멈춰 서 있는데 생각은 계속해서 앞서 나가고, 감정은 따라오지 못한 채 뒤엉켜 버린다. 그 복잡함 속에서 우리는 무엇 하나 결정하지 못한 채 멍하니 시간을 흘려보낸다. 해야 할 일도, 해야 할 말도 분명히 있지만, 어느 것 하나 손에 잡히지 않고, 머릿속만 더 복잡해져 간다.

혼란스러움은 마음이 방황하고 있다는 신호다. 선택해야 할 일이 많거나, 감정이 쉽게 수긍되지 않을 때, 우리는 자연스럽게 마음속 여러 갈래 길 위에 서게 된다. '이게 맞는 걸까', '왜 이런 기분이 드는 걸까', '이대로 가도 괜찮을까' 하는 질문들이 쏟아지고, 생각은 꼬리에 꼬리를 물며 점점 마음을 흐릿하게 만든다. 어떤 감정을 먼저 마주해야 할지, 어떤 생각을 믿어야 할지 알 수 없을 때 우리는 막막함 속에서 더 깊은 혼란에 빠지게 된다.

그럴 때는 먼저 모든 것을 잠시 내려놓는 용기가 필요하다. 정답을 내야 한다는 강박, 빨리 결정해야 한다는 조급함, 누군가에게 이해받아야 한다는 기대 같은 것들을 조용히 내려두고, 지금 내 안에 있는 감정들을 있는 그대로 바라보는 시간이 필요하다. 혼란은 잘못된 상태가 아니다. 오히려 그것은 내가 지금보다 더 나은 방향을 찾고자 고민하고 있다는, 성찰의 과정 속에 있다는 증거다.

혼란은 반드시 지나간다. 다만 그것을 억지로 피하려 하지 않고, 잠시 마음 안에 머물도록 허락할 수 있다면, 머릿속이 다시 맑아지는 순간이 찾아온다. 생각이 복잡할수록, 마음은 단순한 위로를 원한다. "지금은 모를 수도 있어. 하지만 괜찮아. 조금씩 알아가면 되니까." 그렇게 스스로에게 다정한 말을 건네는 연습, 그것이 혼란을 견디는 가장 따뜻한 힘이 되어준다.

이럴 땐 이렇게 말해보세요

- "지금은 생각이 너무 많아서 좀 멈추고 싶어요."
- "혼란스러울 수 있어요. 내 마음이 나를 정리 중인가 봐요."
- "당장 답이 없어도 괜찮아요. 천천히 가볼게요."

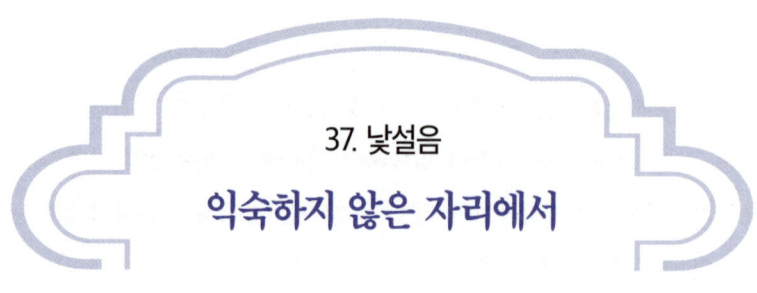

37. 낯설음
익숙하지 않은 자리에서

→ 발 디딜 곳 없는 하루

처음 서보는 자리, 처음 마주하는 사람들, 익숙하지 않은 공기의 흐름. 낯설다는 감정은 때때로 아무 말 없이 마음을 불편하게 만든다. 겉으로는 괜찮은 척 미소를 짓지만, 속으로는 수많은 생각이 교차한다. '지금 내 표정이 어색하진 않을까', '이 분위기에 나는 어울리는 사람일까', '혹시 말 한마디가 어긋나진 않았을까' 같은 조심스러운 마음들이 스스로를 더 작게 만든다. 낯선 환경은 우리의 존재를 시험하는 듯한 긴장감을 주고, 그곳에 잘 적응해야 괜찮은 사람이라는 착각을 불러일으키기도 한다.

그러나 낯설음은 부정할 감정이 아니다. 누구에게나 처음은 있고, 익숙해지기까지는 시간이 필요하다. 낯선 환경에서 당황하거나 불편함을 느끼는 것은 자연스러운 일이며, 오히려 그 감정을 솔직하게 인정할수록 마음은 조금 더 편안해진다. 우리는 때때로 너무 빨리 익숙해지기를 원하지만, 모든 관계와 공간에는 저마다의 리듬이 있다. 그 리듬을 억지로 맞추기보다는 나의 속도대로 천천히 걸어가도 괜찮다.

낯설음이 꼭 두려움이나 긴장만을 뜻하는 것은 아니다. 그것은 새로운 가능성의 시작이기도 하다. 익숙한 자리에서는 드러나지 않던 나의 또 다른 면모가 낯선 공간에서는 오히려 자연스럽게 드러나기도 한다. 불편함은 변화의 입구이고, 그 입구를 지나야 비로소 새로운 익숙함이 자리 잡는다. 낯선 자리를 꿋꿋이 견디는 동안 우리는 조금씩 자라고, 시간이 지나 그 자리가 편안하게 느껴질 때, 비로소 스스로를 칭찬할 수 있게 된다. "그때의 내가 참 용감했구나"라고.

낯설다는 이유만으로 움츠러들지 않아도 된다. 그 공간이 아직 어색할 뿐, 내가 잘못된 사람인 것은 아니기 때문이다. 어색한 마음을 안고도 그 자리에 서 있다는 것, 그것만으로도 우리는 충분히 잘하고 있는 것이다.

이럴 땐 이렇게 말해보세요

- "아직은 어색하지만, 곧 편해질 거예요."
- "처음이니까 낯설 수 있어요. 내 속도대로 익숙해질 거예요."
- "이 자리가 낯설지만, 나 자신을 지켜보며 천천히 가볼게요."

38. 멍함
아무 감정도 느껴지지 않을 때

→ 공기의 무게에 눌릴 때

어느 순간 문득, 마음이 아무 반응도 하지 않을 때가 있다. 기뻐야 할 일인데 웃음이 나지 않고, 놀라야 할 일인데 그저 멍하니 바라보기만 한다. 감정이라는 게 분명 내 안에 있는데, 어딘가 걸린 듯 나오지 않고, 머릿속은 하얗고 심장은 느리게 뛰는 것 같고, 나는 그저 눈앞에 놓인 것들을 멍하니 바라볼 뿐이다. 이럴 때 사람들은 말한다. "왜 이렇게 멍해 있어?" 하지만 정작 본인도 이유를 알 수 없다. 슬픈 것도, 아픈 것도 아닌데 아무 느낌이 없다. 오히려 그런 무감각이 더 낯설고, 이상하게 불안하다.

멍한 감정은 마음이 지쳐 있다는 신호일 수 있다. 반복되는 긴장, 억눌린 감정, 감당하기 어려운 상황들이 차곡차곡 쌓이다 보면, 어느 순간 마음은 일시적으로 감각을 꺼버리기도 한다. 감정이 고장이 난 것이 아니라, 오히려 나를 보호하기 위한 일종의 방어기제일 수 있다. 너무 많은 걸 느끼다 보면 오히려 아무것도 느끼지 않게 되는 것, 그것이 멍함이다. 그러니 그런 순간을 두려워하거나 억지로 감정을 끌어내려 애쓰지 않아도 괜찮다.

멍한 채로 있어도 괜찮다. 감정은 언제나 일정하지 않고, 어떤 날은 잠시 쉬기도 한다. 중요한 건 그런 나를 있는 그대로 받아들이는 일이다. 아무 감정도 느껴지지 않는 지금의 나도 내 일부라는 사실을 인정하고, 그저 숨을 천천히 쉬며 시간을 통과하는 것이다. 멍한 마음은 언젠가 다시 움직이기 시작한다. 바람이 지나간 자리처럼, 고요함 뒤에 다시 잔잔한 물결이 일듯 감정은 스스로 회복의 길을 찾는다.

때로는 아무 감정도 느껴지지 않는 그 순간이, 내 마음이 다시 정리되고 있는 시간일지도 모른다. 그러니 말해보자. "지금은 멍하지만 괜찮아. 이 감정도 곧 지나갈 거야. 내가 느끼지 못해도, 내 마음은 조용히 회복하고 있을 거야."

이럴 땐 이렇게 말해보세요

- "지금은 아무 감정이 없지만, 그럴 수도 있는 거야."
- "이 멍한 상태도 나를 위한 시간이야."
- "감정을 느끼지 못한다고 해서 내가 잘못된 건 아니야."

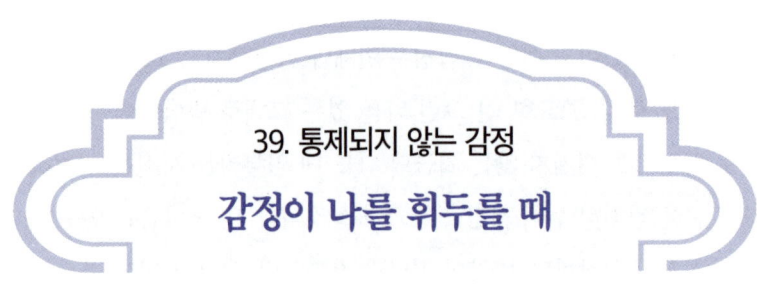

39. 통제되지 않는 감정
감정이 나를 휘두를 때

→ 파도에 휩쓸린 마음

　어느 순간 문득, 마음이 아무 반응도 하지 않을 때가 있다. 기뻐해야 할 일인데도 웃음이 나지 않고, 놀라야 할 상황인데도 그저 멍하니 바라보기만 한다. 분명 감정은 내 안에 존재하지만, 어딘가에 걸려 나온 듯하지 않고, 머릿속은 하얗게 비어 있는 것 같고, 심장은 느릿하게 뛰는 듯하며, 나는 그저 눈앞에 놓인 것들을 멍하니 바라볼 뿐이다. 이런 모습을 보고 사람들은 종종 묻는다. "왜 그렇게 멍해 있어?" 하지만 정작 본인조차도 이유를 알 수 없다. 슬픈 것도, 아픈 것도 아닌데 아무런 감정이 느껴지지 않는다. 오히려 그런 무감각 자체가 낯설고, 어딘지 모르게 불안하게 느껴진다.

　이런 멍한 상태는, 마음이 지쳐 있다는 신호일 수 있다. 반복되는 긴장, 억눌린 감정, 감당하기 어려운 상황들이 차곡차곡 쌓이다 보면, 어느 순간 마음은 스스로 감각을 잠시 꺼버리기도 한다. 감정이 고장이 난 것이 아니라, 나 자신을 보호하기 위한 일종의 방어기제일 수 있는 것이다. 너무 많은 것을 느끼다 보면 오히려 아무것도 느끼지 않게 되는 것, 그것이 바로 '멍함'이다. 그렇기에 이러한 순간을 두려워하거나, 감정을 억지로 끌어내려 애쓰지 않아도 괜찮다.

멍한 채로 있어도 괜찮다. 감정은 언제나 일정하게 흐르지 않고, 어떤 날은 잠시 쉬어가기도 한다. 중요한 것은 그러한 나 자신을 있는 그대로 받아들이는 일이다. 아무 감정도 느껴지지 않는 지금의 나도 분명 내 일부라는 사실을 인정하고, 그저 숨을 천천히 쉬며 이 시간을 조용히 통과해 나가는 것이다. 멍한 마음은 언젠가 다시 움직이기 시작한다. 바람이 지나간 자리처럼, 고요함 뒤에 다시 잔잔한 물결이 일듯 감정은 스스로 회복의 길을 찾아간다.

때로는 아무 감정도 느껴지지 않는 바로 그 순간이, 내 마음이 다시 조용히 정리되고 있는 시간일지도 모른다. 그러니 이렇게 말해보자. "지금은 멍하지만 괜찮아. 이 감정도 곧 지나갈 거야. 내가 느끼지 못해도, 내 마음은 조용히 회복하고 있을 거야."

이럴 땐 이렇게 말해보세요

- "지금은 아무 감정이 없지만, 그럴 수도 있는 거야."
- "이 멍한 상태도 나를 위한 시간이야."
- "감정을 느끼지 못한다고 해서 내가 잘못된 건 아니야."

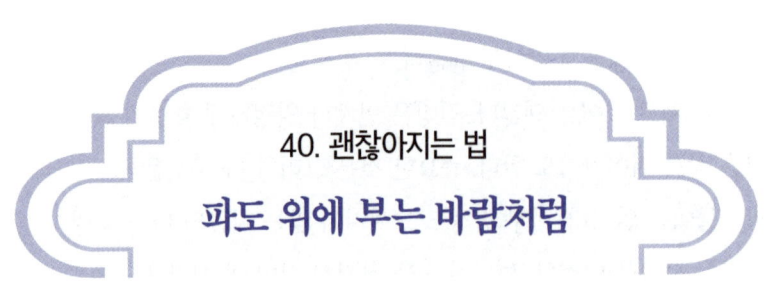

40. 괜찮아지는 법
파도 위에 부는 바람처럼

→ 고요는 천천히 오는 것

  살다 보면 마음이 크게 요동칠 때가 있다. 처음에는 그저 작은 파도인 줄 알았지만, 어느 순간 그것이 감정을 휘감아버릴 만큼 거세져, 내가 그 안에서 허우적거릴 줄은 미처 몰랐던 날들. 그렇게 흔들리다 보면 모든 것이 버겁게 느껴지고, 아무 일도 하지 못한 채 그저 가만히 앉아 있기만 하게 된다. 누군가 "괜찮아질 거야"라고 말해주어도, 도무지 믿기지 않는다. 괜찮아지는 일이 이렇게도 어려운 일이었나 싶고, 지금 이 마음이 평생 계속될 것만 같기도 하다.
  그러나 괜찮아진다는 것은 언제나 아주 서서히, 작고 조용한 단위로 다가온다. 어떤 날은 눈을 떴을 때 공기가 조금 덜 무겁게 느껴지고, 어떤 날은 밥 한 끼가 예전보다 조금 더 맛있게 느껴지기도 한다. 그렇게 아주 미세한 변화들이 겹치고 쌓이면서, 어느 순간 문득 "예전보다는 괜찮아졌네" 하고 깨닫게 되는 때가 온다. 거센 파도 위로 불어오는 부드러운 바람처럼, 그 변화는 크고 뚜렷하지 않지만 분명히 내 안에서 일어나고 있는 일이다.
  괜찮아지는 법에 특별한 공식은 없다. 누구는 천천히 걸으며, 누구는 무언가를 쓰며, 또 누구는 그저 아무 생각 없이 멍하니 쉬면서 조금씩 나아진다. 중요한 것은 스스로의 마음을 억지로 다그치지 않는 일이다. "왜 아직도 이래야 해?", "이제는 털고 일어나야지" 하는 말들은 오히려 회복의 속도를 막는다. 감정은 다그침이 아니라 온기와 시간으로 녹여야 하고, 그 시간을 충분히 허락하는 것이야말로 진심으로 나를 돌보는 방식이다.

지금 괜찮지 않아도 괜찮다. 마음이 회복되는 데는 그 나름의 속도가 있으며, 우리는 그저 그 흐름을 따라가면 된다. 언젠가 이 감정을 덮고 있던 파도가 점차 잦아들고, 그 위로 바람이 스치듯 평온이 찾아올 것이다. 그러니 지금 이 순간, 나 자신에게 조용히 말해보자. "조금은 괜찮아졌고, 앞으로도 더 괜찮아질 거야. 나는 그렇게 회복 중이야."

이럴 때 이렇게 말해보세요

- "오늘은 어제보다 조금 괜찮아요. 그걸로 충분해요."
- "괜찮지 않아도 괜찮아요. 이 감정도 지나가니까요."
- "내 마음의 속도대로, 천천히 괜찮아지고 있어요."

5장
감정으로 관계를 이어가는 방법

: 말로 연결되는 마음

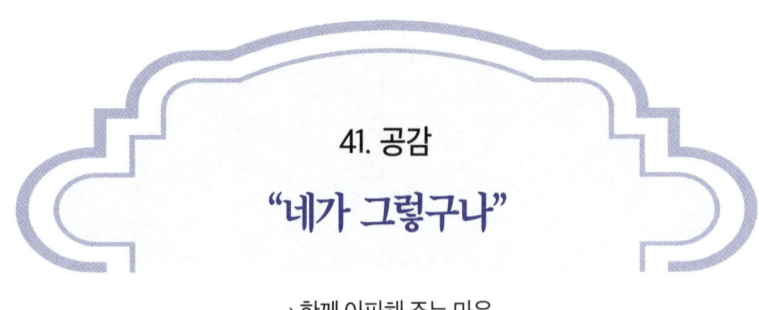

41. 공감
"네가 그렇구나"

→ 함께 아파해 주는 마음

누군가 나의 감정을 있는 그대로 받아들여 줄 때, 말은 짧지만 마음은 길게 울린다. "네가 그렇구나." 이 한마디에는 판단하지 않겠다는 태도가 담겨 있고, 다르다고 선을 긋지 않겠다는 믿음이 깃들어 있다. 공감은 이해보다 앞서며, 조언보다 더 깊이 닿는다. 내가 왜 그런지 몰라도 괜찮다며, 그렇게 느끼는 건 너의 몫이라고, 감정을 옳고 그름으로 재지 않겠다는 따뜻한 수용의 태도. 그것이 바로 공감이다.

공감은 '나도 그래'라고 말하는 일이 아니라, '너는 그렇구나'라고 말해주는 연습이다. 누군가의 이야기를 들을 때, 나의 경험을 끼워 넣지 않고, 그 사람의 감정 안에 머물 수 있을 때 비로소 공감은 자라난다. 때로는 말 한마디 없이 옆에 있어주는 것만으로도 충분하다. 상대는 위로보다 공간을, 조언보다 침묵을 원할 때가 있기 때문이다. 마음이 복잡할수록 말은 짧아지고, 대신 눈빛과 자세, 그리고 침묵 속의 기다림이 더 많은 것을 전하게 된다.

진정한 공감은 틀린 감정이 없다는 것을 믿는 데서 시작된다. 나와 다른 감정을 가진 사람을 이상하게 여기지 않고, 그 감정의 배경을 궁금해하고, 조심스럽게 물어봐주는 태도. 그것은 누군가의 마음을 함부로 건드리지 않겠다는 배려이며, 그 사람이 자기 감정을 말해도 괜찮은 사람이라는 안심을 주는 일이기도 하다. 공감은 기술이 아니라 태도이며, 마음이 향하는 방향이다.

우리는 누군가의 마음에 섣불리 들어갈 필요는 없다. 다만 멀찍이에 서라도, 그 마음이 얼마나 무거운지 조심스럽게 짐작해 보고, "그럴 수 있어요"라고 말해줄 수 있다면, 그것만으로도 공감은 충분히 전달된다. 가장 깊은 위로는 언제나 "네가 그렇구나"라는 짧고 단순한 말에서 시작된다.

이럴 땐 이렇게 말해보세요

- "그렇게 느낄 수 있어요. 그 마음이 이해돼요."
- "말해줘서 고마워요. 그 감정이 소중하게 느껴져요."
- "제가 다 알 수는 없지만, 옆에서 함께 듣고 있어요."

42. 존중
내 방식도, 너의 방식도

→ 너는 너, 나는 나로서

　누군가를 진심으로 이해하고 싶다면, 먼저 '다름'을 받아들이는 연습이 필요하다. 같은 상황을 겪어도 누군가는 울고, 또 누군가는 웃는다. 말이 많은 사람이 있는가 하면, 조용히 곁을 지키는 사람도 있다. 감정을 표현하는 방식, 생각을 정리하는 속도, 사랑을 주고받는 방법까지 사람마다 모두 다르다. 존중이란 그 차이를 틀렸다고 보지 않고, 다양한 방식이 존재할 수 있다고 믿는 태도에서 시작된다.

　사람들은 종종 자신의 방식을 옳다고 믿고, 상대를 바꾸려 한다. "그렇게 하면 안 돼", "왜 그렇게밖에 생각 못 해?"라는 말에는 자신이 정해 놓은 기준이 자연스럽게 스며 있다. 하지만 내가 편한 방식이 상대에게도 편하리란 보장은 없다. 서로의 언어, 감정의 리듬, 반응의 방식이 다르다는 사실을 이해할 때 비로소 존중이 시작된다. 나의 익숙함이 상대에게는 낯설 수 있고, 그 반대도 마찬가지이기 때문이다.

　존중이란 서로의 경계를 지켜주는 일이다. 감정을 지나치게 간섭하지 않고, 의견을 내더라도 상대가 스스로 선택할 수 있도록 한 걸음 물러서는 태도. "나는 이렇게 생각해. 하지만 너는 어떻게 느끼는지 궁금해"

라는 말에는 나의 방식과 너의 방식을 나란히 놓을 수 있는 여유가 담겨 있다. 존중은 틀림이 아닌 다름을 있는 그대로 인정하는 데서 자라나며, 그렇게 서로 다른 두 사람이 진짜 마음을 나눌 수 있는 통로가 열린다.

 서로의 감정과 방식이 다르더라도, 그 차이 속에서 상처를 주지 않는 연습. 그것이 존중의 시작이다. 내 마음이 소중한 만큼, 상대의 마음 또한 소중하다는 것을 기억하는 것. 우리는 모두 각자의 방식으로 살아가는 중이며, 그 삶의 결을 가볍게 끌어안아 줄 수 있다면, 더 단단하고 따뜻한 관계가 만들어질 수 있다.

이럴 땐 이렇게 말해보세요

- "나는 이렇게 느꼈지만, 너는 다를 수 있어."
- "그럴 수도 있겠구나. 네 방식도 나름대로 의미가 있네."
- "우리 방식이 다르지만, 서로 존중하며 맞춰보면 좋겠어."

43. 애정
좋아한다는 말을 어떻게 할까

→ 조용히 전하는 따뜻함

좋아하는 마음은 굳이 말하지 않아도 전해질 때가 있지만, 때로는 말로 표현될 때 훨씬 더 분명하게 다가온다. 우리는 누군가에게 따뜻한 마음을 품고 있으면서도, 그 마음을 말로 전하는 데 익숙하지 않아 자꾸 망설이곤 한다. '이런 말을 하면 부담스러워할까', '내가 먼저 마음을 드러내도 괜찮을까' 하는 고민 끝에, 결국 말하지 못하고 마음속에만 간직하는 애정도 많다. 하지만 마음은 표현되지 않으면 오해로 남거나, 전하지 못한 채 멀어질 수도 있다.

애정의 표현은 반드시 특별하거나 거창할 필요는 없다. "오늘 너와 함께여서 좋았어", "그 말에 위로받았어", "너랑 있으면 마음이 편해" 같은 짧고 담백한 한마디에도 따뜻한 감정은 충분히 담길 수 있다. 중요한 것은 감정을 숨기지 않고, 있는 그대로 말하려는 용기다. 말이 어색해도 진심이 담긴 표현은 상대의 마음을 흔들 수 있고, 종종 오래도록 기억에 남는다.

좋아한다는 말은 단순한 호감의 표현을 넘어, 상대의 존재 자체를 긍정하고 존중한다는 뜻이기도 하다. 누군가에게 "좋아해"라고 말하는 순간, 우리는 그 사람의 고유한 아름다움을 인정하고, 함께하고 싶은 마음을 담아내는 셈이다. 꼭 사랑 고백이 아니더라도, 애정 어린 말은 관계를 더 부드럽고 건강하게 만든다. 마음을 말로 옮기는 일이 서툴다면, 작은 칭찬이나 감사의 인사부터 시작해도 좋다.

어쩌면 세상에서 가장 따뜻한 말은 "좋아해"일지도 모른다. 그 말 속에는 관심과 다정함, 존중과 연대의 마음이 함께 담겨 있다. 자신의 애정을 용기 있게 표현할 수 있을 때, 관계는 한층 더 가까워지고 마음은 덜 외로워진다. 애정은 느끼는 것만큼 표현하는 것도 중요하다는 사실을 기억하자. 지금 떠오르는 그 사람에게, 오늘 한마디 건네보는 건 어떨까. "나는 네가 참 좋아."

이럴 땐 이렇게 말해보세요

- "너와 있는 시간이 참 좋았어."
- "그 말에 위로받았어, 고마워."
- "나는 네가 참 좋은 사람이란 걸 알아."

44. 신뢰
믿는다는 말은 어떻게 시작할까

→ 말하지 않아도 믿는 마음

　믿는다는 말은 조용하게 시작된다. 거창한 약속이나 특별한 사건이 아니라, 아주 사소한 순간들 속에서 조금씩 자라난다. 상대의 말을 잊지 않고 기억해 주는 태도, 약속을 어기지 않으려는 노력, 굳이 말하지 않아도 곁에 머물러 주는 일상의 꾸준함. 그 모든 것이 쌓이며 신뢰는 어느새 깊어진다. 하지만 정작 "나는 너를 믿어"라는 말은 쉽사리 꺼내기 어렵다. 너무 무겁게 들릴까 봐, 혹시 상대가 부담스러워할까 봐, 아니면 내가 더 다가가는 것 같아 주저하게 된다. 그러나 믿음은 표현되지 않으면 온전히 전해지지 않는다. 신뢰는 마음속에만 간직하는 감정보다, 말과 행동으로 함께할 때 비로소 관계가 된다.

　믿는다는 말은 누군가에게 책임을 지우는 선언이 아니다. 오히려 그 사람을 있는 그대로 바라보겠다는 다짐에 가깝다. 실수해도 괜찮고, 나와 생각이 달라도 여전히 존중받을 수 있는 존재라는 믿음. 그런 시선으로 누군가를 바라볼 수 있을 때 우리는 조건 없는 신뢰를 건네게 된다. 신뢰는 완벽함에서 비롯되지 않는다. 오히려 불완전함을 알고서도 함께하고 싶다는 마음, 부족함까지 감싸 안고자 하는 의지가 신뢰의 본질이다. 그리고 그런 믿음은 때때로 누군가에게 커다란 용기와 위로가 되어 준다.

신뢰는 상대를 향한 감정이기도 하지만, 결국은 나 자신을 향한 믿음에서 시작된다. 내가 이 관계를 소중히 여긴다는 것, 내가 이 감정을 지킬 수 있다는 확신이 있을 때에야 누군가를 온전히 믿을 수 있다. 마음이 불안할수록 의심은 커지고, 내가 편안할수록 믿음은 단단해진다. 신뢰는 감정이지만, 동시에 선택이다. 그 사람을 있는 그대로 받아들이겠다는 결심, 그리고 그 결심을 작고 반복적인 행동으로 이어가는 성실함이 신뢰를 깊게 만들어 준다.

어쩌면 우리가 관계 속에서 가장 듣고 싶은 말은 "난 너를 믿어"일지도 모른다. 특별히 잘해서가 아니라, 그저 있는 그대로의 너를 믿는다는 그 말. 언젠가 누군가에게 그런 말을 꺼낼 수 있기를, 그리고 또 언젠가 누군가로부터 그 말을 들을 수 있기를, 우리는 바라고 있는지도 모른다.

이럴 땐 이렇게 말해보세요

- "네 방식이니까 믿어볼게."
- "나는 네가 잘 해낼 거라 믿어."
- "어떤 상황이든, 난 널 믿는 마음은 같아."

45. 지지

네 편이 되어줄게

→ 네가 무너지지 않도록

사람은 누구나 살아가며 한 번쯤은 이 말을 간절히 듣고 싶어진다. "나는 네 편이야." 그 짧은 한마디가 주는 위로가 얼마나 큰지, 우리는 알고 있다. 세상이 모두 등을 돌린 것 같은 날에도 단 한 사람이라도 나를 믿고 지지해 준다면, 다시 일어설 용기가 생기기 때문이다. 지지는 이해나 조언보다 먼저 오는 응원이자, '괜찮아'라는 말보다 깊고 따뜻한 다짐이다. 네가 어떤 결정을 하든, 어떤 선택을 하든, 나는 끝까지 너의 편이라는 조용한 확신.

지지는 말보다 태도에서 먼저 전해지기도 한다. 어떤 상황에서도 곁에 있어주는 일, 판단 없이 그 마음을 묵묵히 지켜보는 자세, 흔들리는 순간에도 "난 여전히 네 편이야"라고 말해주는 눈빛. 우리는 그런 사람 곁에서야 마음을 놓고, 비로소 진짜 감정을 털어놓게 된다. 왜냐하면 지지는 나를 평가하지 않는 사람에게만 온전히 건네질 수 있는 것이기 때문이다. 내가 흔들려도, 실패해도, 그대로 괜찮다고 말해주는 사람. 그런 사람이 곁에 있다는 것만으로도 인생은 조금 덜 외롭고 훨씬 더 단단해진다.

지지는 '무조건 네가 옳아'라고 말하는 게 아니다. 잘못을 덮어주는 일도, 무작정 감정을 편들어 주는 것도 아니다. 그것은 그 사람이 어떤 상황에 있든 그 마음의 무게를 함께 나누겠다는 조용한 약속이다. 때로는 조용히 옆에서 들어주고, 때로는 작지만 진심 어린 말 한마디로 상대의 자존감을 지켜주는 일. 지지는 내가 너를 있는 그대로 지켜보고 있다는 가장 든든한 표현이고, 우리가 서로에게 줄 수 있는 가장 큰 선물이다.

어떤 선택 앞에서 망설일 때, 어떤 감정 속에서 길을 잃었을 때, 가장 필요한 건 정답이 아니라 "내가 네 옆에 있어"라는 말이다. 그 말은 방향을 제시하진 않지만, 다시 걸을 힘을 준다. 말없이 지지해주는 마음은 결국 누군가의 삶을 다시 움직이게 하는 가장 따뜻한 동력이 된다.

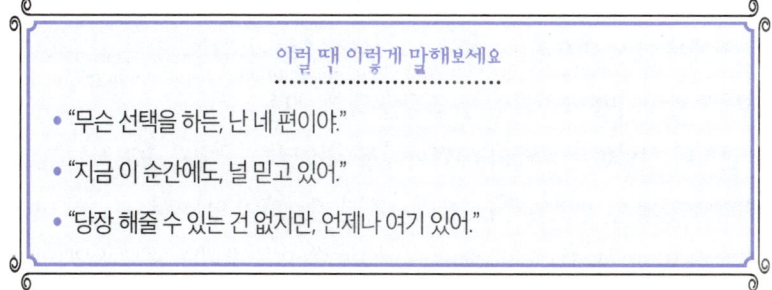

이럴 때 이렇게 말해보세요

- "무슨 선택을 하든, 난 네 편이야."
- "지금 이 순간에도, 널 믿고 있어."
- "당장 해줄 수 있는 건 없지만, 언제나 여기 있어."

46. 친밀함
편하게 다가가는 말

→ 천천히, 더 가까이

누군가와 가까워지고 싶다는 마음은 자연스럽지만, 그 마음을 어떻게 표현해야 할지 몰라 서성이게 될 때가 있다. 괜히 어색해질까 봐, 거리를 좁히려다 선을 넘을까 봐 조심스럽게 머뭇거리게 된다. 친밀함이란 단순히 자주 본다고 생기는 감정이 아니라, 편하게 다가갈 수 있다는 확신에서 자라는 관계의 온기다. 말투 하나, 눈빛 하나에 담긴 온도로 서로의 마음이 열리고, 그로 인해 조금씩 안심하게 된다.

편안한 사람과의 대화는 길지 않아도 통하며, 긴 침묵조차도 불편하지 않다. 그런 관계는 애써 설명하지 않아도 되는 신뢰 위에 놓여 있고, 그 신뢰가 바로 친밀함의 본질이다. 우리는 종종 '뭔가 특별한 말을 해야만 가까워질 수 있다'고 생각하지만, 사실 친밀함은 '별것 아닌 말'을 자주 건네는 데서 비롯된다. "밥은 먹었어?", "잘 지내?"와 같은 짧은 안부 인사도 반복되면 마음의 문을 조금씩 열게 된다.

진정한 친밀함은 배려와 유연함에서 시작된다. 상대가 불편하지 않도록 나의 감정을 앞세우지 않고, 다가가되 강요하지 않는 여유. 그런 마음이 느껴질 때, 상대는 '이 사람 곁은 안전하다'는 감정을 품는다. 친밀하다는 건 언제든 말 걸 수 있고, 언제든 기대어도 괜찮다는 감정적 허락이며, 그 허락은 서두르지 않고 천천히 쌓일 때 비로소 깊어진다. 그러니 조급해하지 말고, 조용한 마음으로 천천히 다가가자.

편하게 다가가고 싶은 사람이 있다면, 거창한 말보다 쉽고 부드러운 말부터 꺼내 보자. "오늘 어땠어?", "너랑 있으면 편해" 같은 짧고 가벼운 표현들이 친밀함의 시작이 될 수 있다. 관계는 결국 거창한 표현보다는 작고 일상적인 말의 반복을 통해 깊어지는 법이다. 꾸준히 다정한 말로 마음의 거리를 좁혀갈 수 있다면, 우리는 서로에게 오래 머물 수 있는 사람이 될 수 있다.

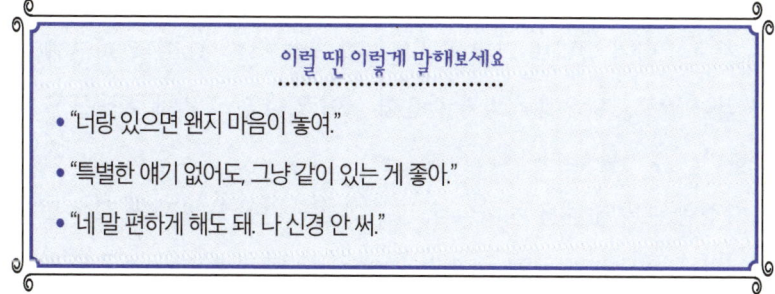

이럴 땐 이렇게 말해보세요

- "너랑 있으면 왠지 마음이 놓여."
- "특별한 얘기 없어도, 그냥 같이 있는 게 좋아."
- "네 말 편하게 해도 돼. 나 신경 안 써."

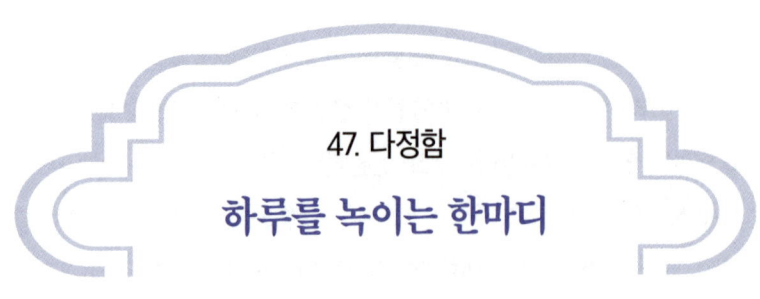

47. 다정함
하루를 녹이는 한마디

→ 햇살처럼 건네는 말

    다정함은 결코 거창한 말에서 시작되지 않는다. "조심히 가", "힘들었겠다", "그래도 잘했어" 같은 평범한 말 한마디가 마음을 녹이는 순간이 있다. 날카롭게 지나가는 하루의 틈 사이, 누군가의 다정한 말투 하나는 그날을 다시 견디게 하는 작은 온기가 되기도 한다. 사람은 누구나 따뜻한 언어를 기억한다. 말의 내용보다 그 말에 담긴 온도가 오래도록 마음에 남고, 때로는 그 온기 하나가 외로움이나 불안을 밀어내기도 한다.

    다정함이란 상대를 향해 마음을 조금 더 내어 주는 태도에서 비롯된다. 무심히 지나치지 않고, 그 사람의 감정에 잠시 멈춰 서서 바라보는 일. 바쁜 하루 속에서도 그 마음을 챙기겠다는 의지가 담긴 말 한마디가 바로 다정함의 본질이다. 꼭 긴 이야기를 나눌 필요는 없다. 짧은 말이라도 진심이 담겨 있다면 다정함은 분명히 전해진다. "요즘 좀 피곤해 보여"라는 말도, 그 속에 걱정과 관심이 섞여 있다면 그 자체로 충분히 따뜻하다.

    다정함은 말의 내용뿐 아니라, 말투에서도 깊이 느껴진다. 같은 말을 하더라도 부드럽게 말할 줄 아는 사람은 그 안에 배려와 존중을 담고 있다. 다정하다는 것은 단순히 친절하다는 의미를 넘어서, 마음의 여유가 있다는 뜻이기도 하다. 상대의 감정을 한 번쯤 헤아려 보고 조심스럽게 말할 수 있는 사람, 그런 이의 말은 결코 가볍지 않다. 그 한마디는 단순한 위로를 넘어서 '나는 네 편이야'라는 조용한 신호가 되어 마음에 닿는다.

세상은 생각보다 삭막하고, 사람들은 저마다의 자리에서 지쳐가고 있다. 그래서 다정함은 요란하지 않아도 분명한 힘이 된다. 그 힘은 특별한 사람만이 지닌 것이 아니라, 누구나 가질 수 있고, 누구에게나 건넬 수 있는 감정의 방식이다. 우리가 조금만 더 부드럽게 말하고, 조심스럽게 표현할 수 있다면, 누군가의 하루는 충분히 달라질 수 있다. 오늘, 당신도 누군가에게 다정한 말을 건네는 사람이 되어보자. 어쩌면 그 한마디가 누군가의 하루를 구할지도 모르니 말이다.

이런 땐 이렇게 말해보세요

- "너라서 잘 해낼 거야. 난 그렇게 믿어."
- "오늘도 수고했어. 정말 고마워."
- "그 얘기 해줘서 고마워. 네 마음 느껴졌어."

48. 배려
말보다 마음이 앞설 때

→ 조용히 다가오는 손길

배려는 눈에 잘 띄지 않는다. 크고 인상적인 말보다, 아주 작고 조용한 행동으로 드러나는 법이다. 누군가의 이야기를 끝까지 들어주는 일, 바쁜 와중에도 짧은 답장을 잊지 않는 태도, 상대가 불편하지 않도록 말투에 힘을 빼는 세심함. 이처럼 아무렇지 않게 다가오는 행동들이 조용히 쌓일 때, 우리는 그 사람이 참 배려 깊다고 느낀다. 배려는 '나를 먼저 생각해주는 사람'이라는 신뢰를 심어 주고, 그 신뢰는 관계를 오래도록 지탱하게 만든다.

배려는 때로 '말하지 않아도 아는 사이'라는 기대를 걷어내는 데서 시작된다. 내가 느끼는 불편함만을 기준으로 삼기보다는, 상대의 입장에서 한 번 더 생각해 보는 일. "그 말이 혹시 상처가 되지는 않았을까?", "지금은 조언보다 그냥 함께 있어주는 게 더 낫지 않을까?" 같은 질문을 마음속에 자주 떠올리는 사람은 이미 배려를 실천하고 있는 사람이다. 그런 마음은 말보다 먼저 전해지고, 때로는 말보다 더 오래 남는다.

진짜 배려는 어떤 보상을 바라고 건네는 것이 아니다. 상대의 마음이 조금 더 편안해지기를 바라는 마음 그 자체에서 비롯된다. 그래서 배려는 억지로 하려 하면 어색해지고, 자연스럽게 우러나올 때 비로소 진심이 된다. 눈에 띄지 않아도 괜찮고, 상대가 알아채지 않아도 괜찮다는 듯 건네는 조용한 다정함. 그 순수한 마음이 바로 배려의 본질이다. 말로는 다 설명되지 않더라도, 배려가 느껴지는 순간 우리는 따뜻함을 기억하게 된다.

가장 조용한 배려가 때로는 가장 깊은 감동을 남긴다. 말보다 마음이 먼저 움직이는 사람, 내가 힘들 때 말없이 손을 내밀 줄 아는 사람. 그런 존재가 곁에 있다는 사실만으로도 삶은 덜 외롭고 훨씬 더 든든하다. 우리가 서로에게 그런 사람이 되어 줄 수 있다면, 세상은 지금보다 분명히 더 따뜻해질 것이다.

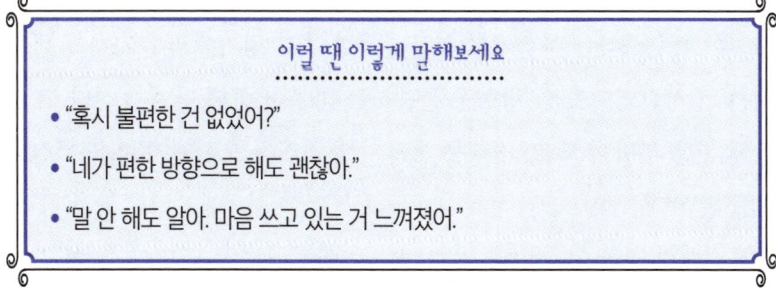

이럴 땐 이렇게 말해보세요

- "혹시 불편한 건 없었어?"
- "네가 편한 방향으로 해도 괜찮아."
- "말 안 해도 알아. 마음 쓰고 있는 거 느껴졌어."

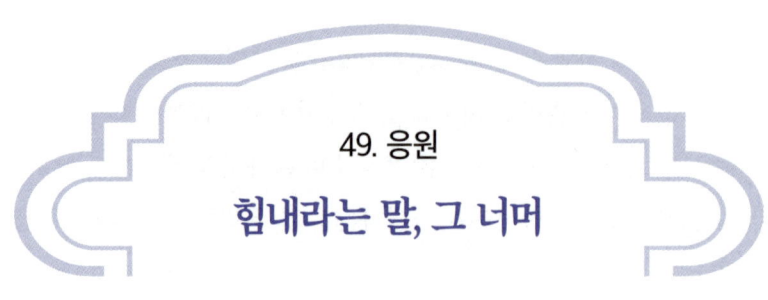

49. 응원
힘내라는 말, 그 너머

→ 내가 너를 믿는 이유

우리는 종종 누군가에게 '힘내'라고 말한다. 그 짧은 한마디에 담긴 진심을 믿지만, 때로는 그 말만으로는 닿지 않는 마음이 있다. 지쳐 있는 사람에게는 그 말이 공허하게 들릴 수 있고, 버티고 있는 이에게는 지나치게 가볍게 느껴질 수도 있다. 응원은 단순한 말의 형태가 아니라, 상대의 상황에 대한 깊은 이해와 공감에서 비롯된다. 진짜 응원이란 무언가를 해주겠다는 약속보다, 어떤 상황에서도 네 편이 되겠다는 조용한 다짐에 가깝다.

진심 어린 응원은 마음을 놓이게 한다. 당장 나아지지 않아도 괜찮다고, 서툴러도 멈추지 않는 모습이 충분히 잘하고 있다고 건네는 그 한마디는 말보다 깊은 위로가 된다. 사람은 응원 그 자체보다, 나를 바라보는 시선이 따뜻하다는 사실에서 위안을 얻는다. 그렇기에 누군가를 응원할 때는 그 사람의 속도와 방향을 존중하는 마음이 함께 담겨야 한다. 조급한 응원은 부담이 되고, 경쟁을 부추기는 격려는 오히려 마음을 무겁게 만들 뿐이다.

응원이란 결국 그 사람을 있는 그대로 인정해 주는 태도다. '잘하고 있어서'가 아니라, '애쓰고 있기 때문에' 응원한다고 말할 수 있어야 그 말은 무게를 가진다. "지금도 괜찮다"는 말, "그 자리에서 충분히 애쓰고 있다"는 말은 때때로 "힘내"라는 말보다 더 깊은 울림을 남긴다. 우리는 누군가의 곁에 조용히 서 있는 것만으로도 충분히 응원이 될 수 있다. 그 마음이 있다면, 말은 꼭 크거나 멋지지 않아도 된다.

당신이 누군가에게 해줄 수 있는 최고의 응원은, 그 사람이 자신의 속도로 걸어갈 수 있도록 곁에서 함께 걸어주는 일이다. 그 말 없는 동행이야말로 가장 깊고 긴 응원이 된다.

이럴 땐, 이렇게 말해보세요

- "지금도 잘하고 있어. 그걸 잊지 마."
- "괜찮아, 네가 애쓰고 있는 거 알아."
- "천천히 가도 괜찮아. 나 여기 있어."

50. 사랑
조심스럽지만 분명한 마음

→ 말하지 않아도 느껴지는 온기

    사랑을 말한다는 일은 언제나 조심스럽다. 내 마음이 닿지 않을까 봐, 혹은 상대가 같은 마음이 아닐까 봐 망설이게 된다. 하지만 사랑은 조심스러우면서도 동시에 분명해야 하는 감정이다. 내가 이 마음을 품고 있다는 사실만큼은, 누군가에게 진심으로 전해져야 비로소 의미를 갖는다. 꼭 연인 간의 사랑이 아니어도 좋다. 우리는 가족에게, 친구에게, 동료에게도 사랑이라는 마음을 품고 살아간다. 다만 그 마음을 자주 표현하지 못한 채, 당연한 것처럼 숨겨두고 만다는 점이 문제일 뿐이다.

    사랑은 결국 '존재한다'는 사실을 알려주는 감정이다. 네가 소중하다는 것, 너라는 존재가 나에게 어떤 의미인지를 잊지 않고 있다는 것, 그리고 그 감정이 쉽게 사라지지 않는다는 걸 전하는 일이다. 우리는 사랑을 말할 때 종종 '언제까지나', '영원히' 같은 단어에 기대려 하지만, 진짜 사랑은 오늘 하루를 성실히 아끼는 마음에서 드러난다. 지금 너를 생각하고 있다는 것, 너의 기분이 궁금하다는 것, 네가 웃는 모습을 보면 나도 기쁘다는 것. 그 순간순간의 솔직한 말과 행동이야말로 사랑을 전하는 방식이다.

사랑을 표현한다는 것은 반드시 큰 고백일 필요는 없다. "밥 잘 챙겨", "힘들면 말해" 같은 평범한 말들이 쌓이면, 그 자체가 사랑의 문장이 된다. 마음은 언젠가 표현하지 않으면 닿지 않는다. '말하지 않아도 알겠지'라는 기대는 어느 순간부터 오해로 바뀔 수 있다. 내가 먼저 말하지 않으면, 상대는 결코 알 수 없을지도 모른다는 사실을 기억해야 한다. 그러니 그 말을 가볍지 않되 어렵지 않게, 조심스럽지만 분명하게 건네보자.

사랑은 주는 순간보다 머무는 시간이 더 중요하다. 오래 지켜보며 말할 줄 아는 사람, 말한 뒤에도 같은 자리를 지키며 함께할 줄 아는 사람, 그런 이의 사랑이야말로 진짜가 된다. 조심스럽지만 분명한 마음을 말로 담아낼 수 있다면, 당신은 누군가에게 오래도록 잊히지 않는 사랑이 될 것이다.

이런 때 이렇게 말해보세요

- "너랑 있는 시간이 좋아."
- "그냥 네가 생각나서 연락했어."
- "많이 아끼고 있어. 네가 소중해."

6장
직장에서 감정 표현하는 법

: 사회생활에서 감정도 전략이다

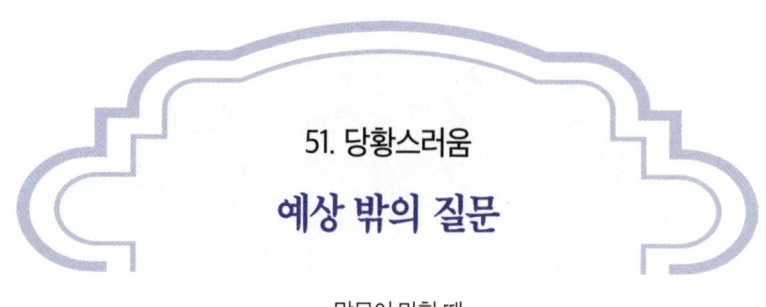

51. 당황스러움
예상 밖의 질문

→ 말문이 막힐 때

   당황스러움은 마음의 준비가 되지 않았을 때 불쑥 밀려든다. 생각지 못한 질문 앞에서 말문이 막히고, 순간적으로 얼굴이 달아오른다. 무슨 말을 해야 할지 몰라 어색하게 웃고 넘기지만, 속은 분주하게 요동친다. '왜 그런 질문을 했을까', '내가 이상하게 보이지는 않았을까' 같은 생각이 머릿속을 떠돌며, 별일 아닌 상황에도 마음은 쉽게 흔들린다. 당황은 순간이지만, 그 여운은 생각보다 오래 남는다. 한참이 지나서도 그 장면이 자꾸 떠올라, 머릿속에서 같은 말을 수없이 되풀이하게 된다.

   누군가는 당황한 내 모습을 금세 잊을지도 모르지만, 정작 나는 그때 하지 못한 대답이 자꾸 마음에 남는다. 사실 당황스러움은 '준비되지 않은 나'에 대한 민망함이거나, 실수에 대한 부끄러움일 때가 많다. 하지만 모든 상황을 완벽히 대처할 수 있는 사람은 없다. 누구나 예상치 못한 질문 앞에서 말문이 막힐 수 있고, 낯선 자리에서는 충분히 흔들릴 수 있다. 그러니 자신을 너무 자책하지 않아도 괜찮다. 당황의 순간은 오히려 내 마음의 섬세한 결을 들여다볼 수 있는 기회가 된다.

   그 감정을 있는 그대로 인정하는 것이 첫 번째 연습이다. "조금 당황했어요", "생각보다 갑작스러웠네요"라고 솔직하게 말해보면, 상황은 생각보다 훨씬 부드럽게 풀릴 수 있다. 완벽한 대답보다 진실한 표현이 더 큰 신뢰를 준다. 때로는 준비된 말보다, 그 순간의 감정을 있는 그대로 전하는 것이 더 깊은 공감을 만들어낸다. 감정이 흐트러졌다는 사실을 감추기보다는, 그 순간의 나를 자연스럽게 받아들이는 연습. 그것이야말로 당황을 마주하는 건강한 방식이다.

누군가의 질문에 당황했을 때, 꼭 서둘러 대답하려 하지 않아도 된다. 잠시 숨을 고르고, 생각을 정리한 뒤 천천히 입을 열어도 충분하다. 우리는 완벽한 사람이 아니라, 그저 하나의 순간을 지나고 있는 사람일 뿐이니까.

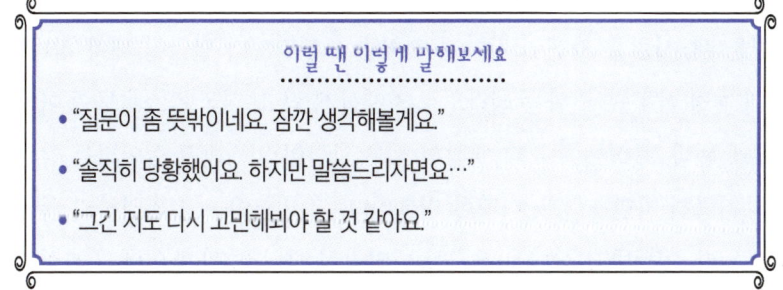

이럴 땐 이렇게 말해보세요

- "질문이 좀 뜻밖이네요. 잠깐 생각해볼게요."
- "솔직히 당황했어요. 하지만 말씀드리자면요…"
- "그건 저도 다시 고민해봐야 할 것 같아요."

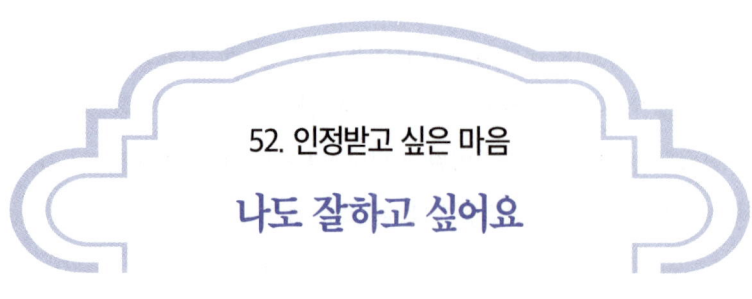

52. 인정받고 싶은 마음
나도 잘하고 싶어요

→ 나도 괜찮은 사람이길

　누구나 마음속 깊은 곳에 '잘하고 싶다'는 열망을 품고 있다. 그것은 단순히 경쟁에서 이기고 싶다는 의미만은 아니다. 내가 해온 노력들이 누군가에게 닿기를 바라고, 그 수고가 헛되지 않았다는 말을 듣고 싶은 간절함이다. "수고했어요", "고생했네요", "당신 덕분이에요" 같은 짧은 한마디가 오래도록 마음에 남는 까닭은, 그 말이 단순한 칭찬을 넘어, 내가 존재하는 방식 자체를 인정해주는 감정이기 때문이다. 인정은 어쩌면 사랑의 또 다른 모습일지도 모른다. 어떤 조건도 없이 나의 존재를 긍정해주는 힘, 그 힘이 사람을 지탱하게 만든다.

　하지만 이 마음이 채워지지 않을 때, 우리는 서서히 공허해진다. 아무리 열심히 해도 아무런 반응이 없거나, 노력한 만큼의 관심조차 받지 못했을 때, 사람은 자신이 작아진 것처럼 느낀다. '더 열심히 해야 하나', '내가 뭘 잘못했나' 하는 생각으로 자책하게 되고, 결국 스스로를 몰아세우게 된다. 사실 누구보다 열심히 해온 사람이 인정받고 싶어하는 감정은 지극히 자연스럽고, 마땅한 마음이다. 그 마음을 부끄러워하지 않아도 된다. 인정받고 싶다는 욕구는 나약함이 아니라, 관계 안에서 자신의 존재감을 확인하고자 하는 인간의 본능적인 감정이다.

그래서 우리는 때로, 스스로에게 먼저 인정을 건네야 한다. 내가 걸어온 길, 홀로 견뎌낸 시간, 누구에게도 말하지 못했던 마음의 무게를 내가 기억해주는 일. 남들이 몰라줘도 나는 알고 있다고, 그 모든 시간들이 얼마나 큰 용기였는지를 스스로 다독여주는 연습이 필요하다. 물론 진심 어린 타인의 인정은 언제나 큰 위로와 힘이 되지만, 그것이 오기만을 기다리다 지치지 않으려면, 내 안의 목소리로 나를 먼저 안아주는 일이 선행되어야 한다.

"나도 잘하고 싶어요"라는 말은 부족하다는 뜻이 아니다. 그것은 지금 이 순간에도 충분히 애쓰고 있다는 진심 어린 고백이다. 인정은 누군가에게 구걸하는 것이 아니다. 그것은 내가 나에게 먼저 건넬 수 있는, 작지만 따뜻한 말에서 시작된다.

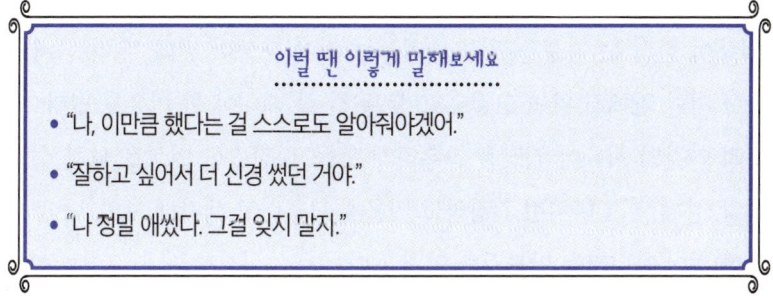

이럴 땐 이렇게 말해보세요

- "나, 이만큼 했다는 걸 스스로도 알아줘야겠어."
- "잘하고 싶어서 더 신경 썼던 거야."
- "나 정말 애썼다. 그걸 잊지 말자."

53. 긴장
처음 만나는 사람 앞에서

→ 눈빛이 흔들리는 순간

처음 만나는 사람 앞에 서면, 괜히 목소리가 작아지고 말끝이 흔들린다. 어떤 표정을 지어야 할지, 무슨 이야기를 꺼내야 할지 머릿속이 복잡해지고, 괜히 손끝과 발끝에까지 신경이 간다. 상대는 아무렇지 않아 보이는데, 나만 어색한 사람처럼 느껴지고, 짧은 침묵조차도 불편하게 다가온다. 말투나 눈빛 하나까지 평가받는 듯해 자꾸 나 자신을 숨기게 되고, 그럴수록 더 부자연스러운 사람이 되어버린다. 긴장은 어쩌면 '잘 보이고 싶은 마음'의 또 다른 이름이다. 내가 어떤 사람으로 보일지를 걱정하는 마음에서 비롯된, 지극히 인간적인 반응이다.

긴장을 떨쳐내려 애쓰면 애쓸수록 오히려 더 경직될 수 있다. 자연스러워지고 싶다는 생각이 오히려 나를 더욱 딱딱하게 만든다. 그럴 때는 '잘해야 한다'는 기준을 조금 내려놓는 것이 도움이 된다. 우리는 처음 만난 사람 앞에서 완벽할 필요도, 모든 걸 잘 해내야 할 이유도 없다. 오히려 약간의 서 이 긴장을 공유하게 만들고, 진솔한 인상을 남길 수도 있다. 상대 역시 나처럼 긴장하고 있을지 모른다고 생각해 보면, 나만 이상한 것이 아니라는 안도감을 얻게 된다.

긴장을 인정하면 마음이 조금 느슨해진다. "긴장이 돼서요", "처음이라 좀 어색하네요"라고 먼저 말해보는 것도 괜찮다. 그런 말 한마디가 실수의 여지를 줄이는 방어막이 되기도 하고, 어색했던 분위기를 자연스럽게 풀어주는 도구가 되기도 한다. 감정을 감추기보다는 있는 그대로 표현할 때, 오히려 더 깊은 신뢰가 생긴다. 긴장은 없애야 할 감정이 아니라, 잘 데리고 가야 할 감정이다. 처음이라는 이유만으로 움츠러들지 않아도 된다. 누구나 처음은 낯설고 서툴다. 중요한 것은 그 순간에도 나다움을 잃지 않으려는 마음이다.

이럴 땐 이렇게 말해보세요

- "조금 긴장이 되네요. 그래도 반갑습니다."
- "처음이라 어색할 수 있어요. 천천히 알아가요."
- "잘 보이고 싶어서 긴장됐어요. 이렇게 말하니 좀 편하네요."

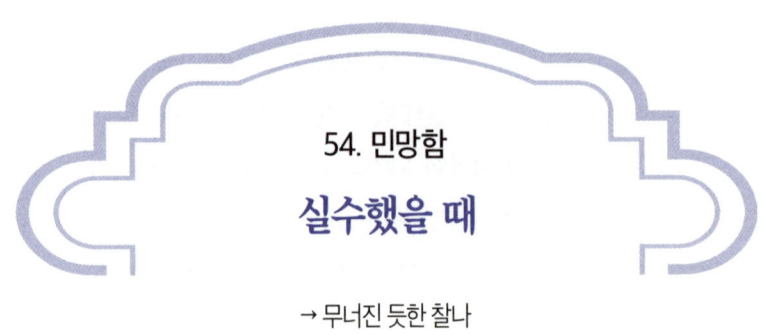

54. 민망함
실수했을 때
→ 무너진 듯한 찰나

민망함은 아주 짧은 순간에 불쑥 찾아온다. 작은 실수 하나에도 공기가 달라진 것 같고, 주변의 시선이 모두 나에게 집중된 듯 느껴진다. 그저 말 한마디 실수했을 뿐인데 마음은 복잡해지고, 사소한 행동 하나에도 나 스스로를 괜히 작게 느끼게 된다. 민망하다는 감정은 종종 '창피함'이나 '부끄러움'으로 여겨지지만, 그 밑바닥에는 "이러려고 한 게 아닌데…"라는 억울함과 아쉬움이 함께 뒤섞여 있다. 그렇기에 너무 쉽게 자책하지 않아도 된다. 누구나 실수할 수 있고, 누구나 민망해질 수 있다.

문제는 그 감정에 너무 오래 머무를 때 생긴다. 민망한 기분에 사로잡히면, 괜히 어색한 농담으로 덮으려 하거나, 반대로 침묵 속에 갇혀버리기도 한다. 그렇게 애쓰다 보면 상황은 더 어색해지고, 마음은 점점 더 움츠러든다. 그럴 땐 차라리 담담하게 인정해버리는 것이 낫다. "제가 그만 실수를 했네요", "조금 민망하네요"라고 웃으며 말하면, 분위기는 훨씬 부드러워진다. 민망함은 숨길수록 커지고, 나누면 줄어드는 감정이다.

사실 상대는 내가 생각하는 것만큼 내 실수에 집중하지 않는다. 우리는 모두 자기 일로도 충분히 바쁘고, 남의 사소한 실수는 금세 잊는다. 그러니 그 순간을 너무 크게 여기지 말고, 있는 그대로 지나가게 두는 용기를 가져보자. 중요한 것은 실수 자체보다, 그다음에 보여주는 태도다. 민망함을 덜어내는 가장 좋은 방법은 진심 어린 사과와 솔직한 인정이다. 그리고 다시 평소처럼 자연스럽게 행동하는 것이다.

민망한 순간을 겪었다고 해서 내가 덜 괜찮은 사람이 되는 건 아니다. 오히려 그런 순간을 유연하게 넘기는 태도가 나를 더 편안하고 믿음직한 사람으로 만든다. 그 감정에 너무 오래 머물지 말고, "그럴 수도 있지" 하고 가볍게 넘겨보자. 결국 실수보다 더 오래 남는 건 나의 태도니까.

이럴 땐 이렇게 말해보세요

- "앗, 제가 헷갈렸네요. 민망하지만 웃어넘겨주세요."
- "그 말은 실수였어요. 바로잡고 싶어요."
- "조금 부끄럽지만, 금방 털고 일어날게요."

55. 부끄러움
칭찬받을 때

→ 고개를 들 수 없는 마음

칭찬을 들으면 기분이 좋아야 할 것 같은데, 막상 그 말을 들었을 때는 어딘가 불편하고 어색하게 느껴질 때가 있다. 얼굴이 달아오르고, 손사래를 치며 "아니에요, 별거 아닌데요"라고 얼버무리게 된다. 진심으로 고마운 말임에도 불구하고 어쩐지 민망하고, 그 순간을 서둘러 지나가고 싶어진다. 왜일까. 부끄러움은 단지 수줍음의 표현만은 아니다. 그 속에는 "내가 과연 그럴 자격이 있나?", "이 정도로 대단한 건 아닌데…" 하는 마음이 함께 들어 있다.

우리 대부분은 칭찬에 익숙하지 않다. 비판에는 민감하게 반응하면서도, 칭찬 앞에서는 방어적인 태도를 보인다. 누군가가 내 수고나 장점을 알아봐 주는 일이 오히려 불편하게 느껴지는 이유는, 어쩌면 그동안 스스로를 충분히 인정해오지 못했기 때문일지도 모른다. 칭찬을 받아들일 자격이 있다고 생각하기보다, 아직 부족하다는 마음이 먼저 앞서는 것이다. 그래서 그 따뜻한 말들이 낯설고, 때로는 부담스럽게 느껴진다.

그러나 그럴수록 더 필요한 것은 '받아들이는 연습'이다. "고맙습니다"라는 짧고 단순한 말 한마디로 마음을 열고, 칭찬을 나를 위한 선물처럼 받아들이는 것이다. 칭찬은 누군가가 나를 지켜보며 느낀 좋은 감정의 표현이며, 그 진심은 결코 가볍지 않다. 칭찬을 잘 받아들이는 사람은 자랑하는 사람이 아니라, 자신을 있는 그대로 존중할 줄 아는 사람이다.

때로는 혼잣말로라도 이렇게 말해보자. "그래, 나 이 부분은 정말 잘했어." 그렇게 자신에게 자격을 허락하는 시간이 조금씩 쌓이다 보면, 누군가의 따뜻한 말 앞에서도 마음이 훨씬 편안해질 수 있다. 부끄러움은 서서히 줄어들고, 고마움은 더욱 선명해질 것이다. 칭찬을 받는 일도 하나의 용기다. 그 용기를 가볍게 여겨서는 안 된다.

이럴 땐 이렇게 말해보세요

- "고맙습니다, 그런 말 들으니 기운이 나요."
- "쑥스럽지만 기분 좋네요. 감사합니다."
- "그렇게 봐주셔서 감사해요. 더 잘해볼게요."

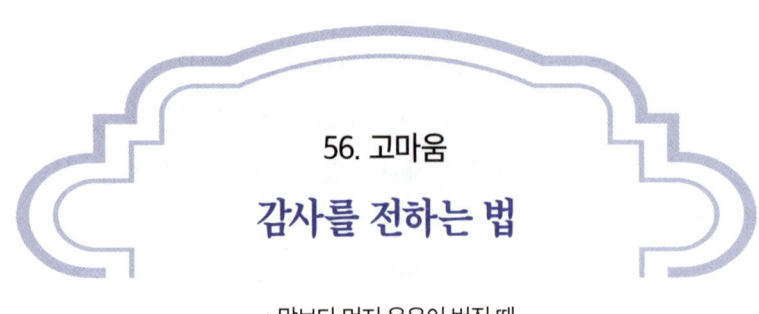

56. 고마움
감사를 전하는 법

→ 말보다 먼저 웃음이 번질 때

고마운 마음은 자주 생기지만, 막상 그 마음을 어떻게 표현해야 할지 망설여질 때가 많다. 짧은 말 한마디면 충분할 것 같으면서도, 괜히 어색하거나 쑥스러워서 타이밍을 놓치고 만다. 그래서 우리는 종종 "알겠지", "느꼈겠지" 하는 생각으로 그냥 지나쳐 버린다. 하지만 고마움은 마음속에만 간직한다고 해서 자연스럽게 전해지는 감정이 아니다. '고맙다'는 말은 말해져야만 비로소 진짜가 된다. 표현되지 않으면 고마운 마음은 금세 희미해지고, 때로는 아예 전달되지 못한 채 잊혀진다.

"고마워요"라는 말은 짧지만 강한 감정의 표현이다. 누군가의 친절, 배려, 함께해 준 마음에 대해 직접 말로 감사를 전할 수 있다는 것. 그 자체로 관계를 한층 따뜻하게 만든다. 고마운 순간을 그냥 지나치지 않고, 그 자리에서 바로 표현하는 것. 그것이 서로를 더 단단하게 연결하는 방법이 된다. 아무리 사소한 일이라도, 마음을 담아 전한 '고마워요'는 단순한 인사 이상의 깊은 의미를 지닌다.

때로는 말보다 글이 더 편할 수도 있다. 문자 한 줄, 쪽지 한 장, 짧은 메모 한 장도 괜찮다. 중요한 것은 얼마나 길게 쓰느냐가 아니라, 그 안에 담긴 진심이다. "오늘 함께 있어줘서 마음이 편했어요", "덕분에 일이 잘 마무리됐어요" 같은 말 한마디는 상대의 하루를 환하게 밝힐 수 있다. 고마움을 전하는 말은 그 사람을 위한 선물이면서, 동시에 나 자신의 마음을 정리하고 맑게 비춰주는 말이기도 하다.

고마움을 잘 표현하는 사람은 자신이 받은 것을 알아보는 사람이다. 그리고 그런 사람과 함께 있을 때, 세상은 조금 더 부드럽고 따뜻해진다. 마음속에만 담아두지 말고, 오늘은 꼭 말로 꺼내 보자. "고마워요"라는 짧은 말이 오래 남아 서로의 마음을 밝혀줄 수 있도록.

이럴 땐 이렇게 말해보세요

- "당신 덕분에 오늘 하루가 훨씬 좋았어요."
- "그때 도와줘서 정말 고마웠어요. 덕분에 잘 넘겼어요."
- "작은 배려였지만 저는 크게 느꼈어요. 감사합니다."

57. 불편함
너무 가까운 거리

→ 너와 나 사이의 온도차

    때로는 너무 가까운 거리 때문에 마음이 불편해진다. 그것은 물리적인 거리일 수도 있고, 정서적인 거리일 수도 있다. 아무리 친한 사이라 해도, 아무리 오랜 시간 함께한 관계라 해도 지켜야 할 경계는 분명 존재한다. 그런데 그 경계가 무너졌다고 느껴지는 순간, 우리는 당황스럽고 답답한 감정에 휩싸이게 된다. 거리를 좁히는 행위는 친밀함의 표현일 수 있지만, 상대의 동의 없이 일방적으로 다가오는 태도는 곧 침범이 된다. 그리고 침범당한 감정은 대개 즉시 표현되기보다는, 속으로 삼켜지거나 나중에 더 큰 불편함으로 쌓이고 만다.

    '불편함'이라는 감정은 까다로워서 생기는 것이 아니다. 그것은 나를 지키고 보호하려는 자연스러운 본능이자 감정의 신호다. 그러나 우리는 종종 이 감정을 말로 꺼내지 못한다. 관계가 틀어질까 봐, 상대가 상처받을까 봐, 혹은 괜한 오해를 살까 봐 조심스러워진다. 그래서 애써 넘기고, 아무 일도 아닌 듯 행동하지만, 그 감정은 결코 사라지지 않는다. 오히려 제대로 표현되지 못한 불편함은 시간이 지날수록 관계 전체를 위태롭게 만들 수 있다.

중요한 것은, 거리를 둔다는 것이 결코 나쁜 일이 아니라는 사실을 받아들이는 것이다. 편안한 거리를 유지하는 일은 서로를 위한 배려이자, 건강한 관계를 위한 기본 조건이다. "이건 조금 불편해요", "잠시 거리를 두고 싶어요"라는 말을 조심스럽게 건넬 수 있어야 한다. 거리를 둔다는 것은 멀어지겠다는 뜻이 아니라, 더 오래 함께하기 위해 숨 쉴 틈을 마련하는 행위이기 때문이다.

누군가의 말이나 행동이 내 경계를 넘고 있다고 느껴질 때, 그 불편함을 모른 척하지 말자. 감정은 이유 없이 생기지 않는다. 불편함은 나에게 보내는 중요한 신호다. 그 신호를 존중하고, 조심스럽게 표현할 수 있다면, 오해는 이해로, 침묵은 소통으로 바뀔 수 있다. 스스로를 지키는 일이 곧 관계를 지켜내는 일이기도 하다.

이럴 땐 이렇게 말해보세요

- "조금 가까워 보여서 불편했어요. 잠깐만 거리를 두면 좋겠어요."
- "이런 상황은 저에게는 조금 힘들어요. 이해해주시면 감사하겠어요."
- "지금은 잠시 혼자 있고 싶어요. 나중에 다시 이야기 나눌 수 있을까요?"

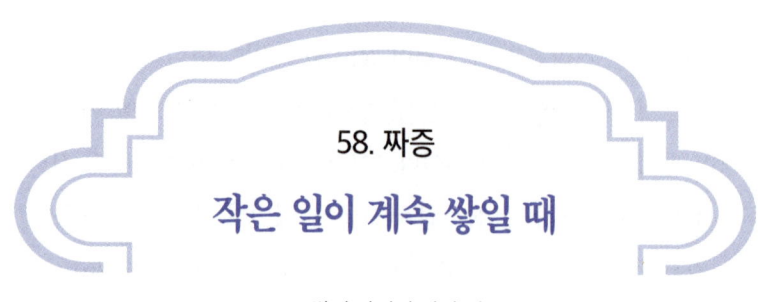

58. 짜증
작은 일이 계속 쌓일 때

→ 쌓인 감정이 터질 때

짜증은 어느 날 갑자기 터지는 감정이 아니다. 아주 사소한 일들이 반복되며, 말로 설명하기 애매한 불편함이 켜켜이 쌓여갈 때, 결국 어느 순간 임계점을 넘는다. 마치 컵에 물이 한 방울씩 고이듯이, 짜증도 그렇게 스며들 듯 쌓여간다. 날카로운 말투 하나, 어질러진 공간, 무심코 넘긴 부탁, 기대와 다른 반응들…. 겉보기에 별것 아닌 것들이 계속해서 마음속에 머무르다 보면, 결국은 작은 일에도 울컥하게 되는 순간이 찾아온다. 그리고 그 감정의 폭발은 나 자신조차 당황하게 만들고, 때로는 애초의 문제와는 전혀 다른 방향으로 상황을 꼬이게 한다.

짜증은 감정의 과잉이 아니다. 그것은 감정이 보내는 경고등이다. "지금 나, 꽤 지쳐 있어요", "이 상황이 불편해요"라는 내면의 정직한 신호다. 그렇기에 짜증을 억지로 누르거나 애써 외면하기보다, 잠시 멈춰서 그 감정의 근원을 들여다보는 시간이 필요하다. 짜증이 나는 데는 반드시 이유가 있다. 그 이유를 제대로 짚지 못하고 그냥 넘겨버리면, 감정은 결국 왜곡된 방식으로 터지고 만다. 누구나 짜증을 느낄 수 있지만, 그 감정을 다루는 태도는 얼마든지 달라질 수 있다.

우리가 흔히 저지르는 실수는 짜증을 무조건 참고 억누르거나, 반대로 참지 못하고 곧바로 터뜨리는 것이다. 가장 건강한 방법은, 짜증이 올라오기 시작할 때 스스로의 감정을 인식하고, 그것을 말로 표현할 수 있는 여유를 갖는 일이다. "이 상황이 반복되니까 조금 힘들어요", "이런 부분이 자꾸 신경 쓰여요"라는 말은 감정을 쏟아내는 것이 아니라, 감정을 '설명'하는 말이다. 짜증이란 감정도 표현될 때 공격이 아닌 연결이 될 수 있다.

감정은 찰나이지만, 관계는 계속된다. 감정에 휘둘리지 않고 감정을 잘 다룰 줄 아는 사람은 결국 관계 안에서도 자신을 지킬 수 있는 사람이다. 짜증을 억지로 참지도, 마구 흘려보내지도 말고, 그 감정을 천천히 흘려보내는 연습이 필요하다. 그렇게 감정을 다루는 연습이 쌓이면, 내 마음도 조금은 가벼워지고, 관계도 보다 단단해질 수 있다.

이럴 땐 이렇게 말해보세요

- "이게 몇 번 반복되다 보니 조금 예민해졌어요."
- "지금은 제 기분이 조금 상한 상태라, 잠깐만 생각할 시간이 필요해요."
- "내가 왜 짜증 났는지 스스로도 돌아보는 중이에요. 곧 이야기할게요."

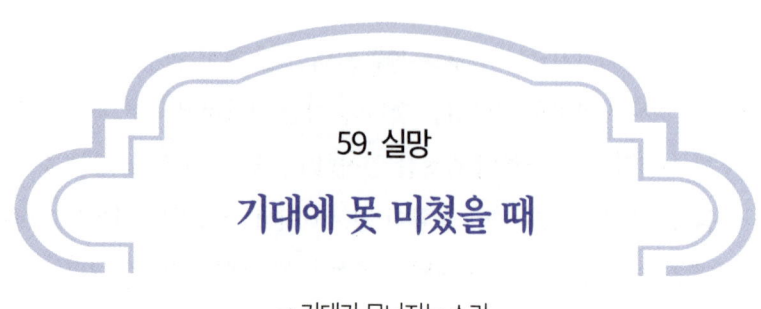

59. 실망
기대에 못 미쳤을 때

→ 기대가 무너지는 소리

실망은 언제나 기대의 그림자처럼 따라온다. 기대가 클수록, 믿음이 깊을수록 실망도 그만큼 크게 다가온다. 가끔은 내가 품었던 기대가 지나쳤다는 걸 알면서도, 마음은 그 사실을 쉽게 받아들이지 못한다. '그래도 그럴 줄은 몰랐는데', '이번만큼은 다를 줄 알았는데' 하는 생각이 머릿속을 맴돌고, 기대가 어그러지는 순간 마음 한쪽이 조용히 무너져 내린다. 실망은 화보다 조용하고, 상처보다 오래 머무는 감정이다.

문제는 그 실망이 곧바로 상대에 대한 단정으로 이어질 때다. 우리는 실망하는 순간, 상대가 나를 배신했다고 느끼거나 일부러 그런 행동을 했다고 오해하기 쉽다. 그러나 많은 경우, 실망은 악의에서 비롯된 것이 아니다. 단지 기대와 현실 사이의 간극에서 생겨난다. 상대는 그저 자기만의 방식대로 행동했을 뿐이고, 그것이 내가 바라던 모습과 달랐을 뿐이다. 실망했다고 해서 그 사람이 나쁜 사람이라는 의미는 아니다. 그저 내 마음이 원했던 방향과 조금 어긋났을 뿐이다.

실망의 감정을 억누르기만 하면, 그것은 언젠가 냉소로 변해버릴 수 있다. 상대에게서 마음을 거두고, 실망하지 않기 위해 애써 기대하지 않겠다고 다짐하지만, 사실 그 속에는 여전히 기대와 이해받고 싶은 마음이 숨어 있다. 그래서 더더욱 필요한 것은 감정을 숨기기보다 차분히 말로 꺼내는 용기다. "나는 이런 점을 기대했어", "그게 안 맞아서 마음이 좀 힘들었어"라고 말할 수 있다면, 실망도 결국 하나의 대화가 될 수 있다. 표현된 감정은 관계를 끊는 말이 아니라, 서로를 다시 맞추기 위한 출발점이 된다.

우리는 기대 없이 살 수 없다. 기대가 있는 한, 실망도 피할 수 없다. 중요한 건 실망을 어떻게 다루느냐다. 그 감정을 너무 오래 붙잡고 있지 말고, 흘려보내자. 실망스러웠던 그 순간에도 여전히 관계를 이어가고 싶은 마음이 있다면, 우리는 다시 이야기할 수 있고, 다시 가까워질 수 있다. 실망은 끝이 아니라, 이해와 회복을 위한 또 다른 문이 될 수 있다.

이럴 땐 이렇게 말해보세요

- "솔직히 조금 실망했어요. 제 기대가 컸던 걸지도 모르겠지만요."
- "그렇게 될 줄은 몰랐어요. 조금 시간이 필요할 것 같아요."
- "이 부분은 생각과 달라서 마음이 복잡했어요. 이야기 나눠볼 수 있을까요?"

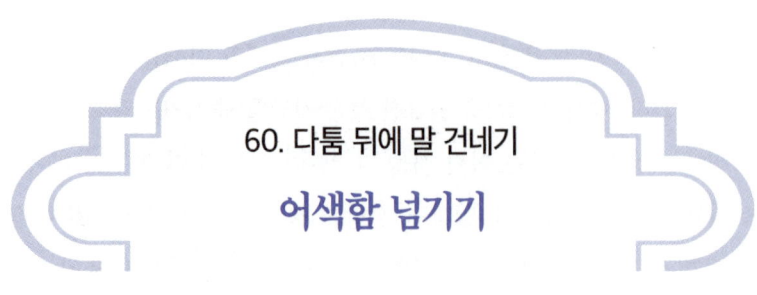

60. 다툼 뒤에 말 건네기
어색함 넘기기

→ 말없이 오래 머물렀을 때

　말다툼은 생각보다 쉽게 시작되고, 그보다 훨씬 더 어렵게 끝난다. 감정이 오간 뒤의 침묵은 말보다 훨씬 무겁고, 아무 말도 없이 시간이 흘러가면 그 어색함은 점점 더 단단한 벽이 되어간다. 누군가는 먼저 말을 꺼내야 하고, 누군가는 조심스럽게 손을 내밀어야 하는데, 막상 그 한마디가 쉽지가 않다. 자존심 때문일 수도 있고, 혹시나 또 상처를 주거나 받게 될까 봐 두려워서일 수도 있다. 그래서 우리는 때로, 정말 화가 나서가 아니라 그 어색함을 견디지 못해 관계를 놓아버리기도 한다.

　하지만 다툼은 관계의 끝이 아니다. 마음이 부딪히는 순간이 있듯이, 다시 가까워질 순간도 반드시 필요하다. 어색함을 넘기기 위한 말은 길 필요도, 무겁지 않아도 된다. "밥은 먹었어?", "그날은 나도 좀 예민했어" 같은 짧고 가벼운 말 한마디가 실마리가 되기도 한다. 중요한 건 그 말이 감정을 되돌리는 것이 아니라, 관계를 이어가고 싶다는 마음의 표현이라는 점이다. 먼저 말을 건네는 사람이 잘못한 사람이라는 뜻은 아니다. 다만 함께 가고 싶다는 뜻일 뿐이다.

　감정은 시간이 지나면 서서히 희미해지지만, 어색함은 시간이 지난다고 저절로 사라지지는 않는다. 누군가의 용기 있는 한마디가 관계의 온도를 다시 회복시킨다. 말다툼 후의 침묵은 때로 필요하지만, 너무 길어지기 전에 적당한 타이밍에 말을 건네는 연습도 필요하다. 말이 서툴러도, 망설임이 느껴져도, 상대는 그 안에 담긴 진심을 느끼게 된다. 결국 사람을 다시 이어주는 건 멋진 말이 아니라, 진심 어린 말 한마디다.

우리는 누구나 완벽하지 않다. 때때로 오해하고, 실망하고, 감정을 다스리지 못할 때도 있다. 하지만 다투고도 다시 돌아올 수 있는 관계가 진짜 가까운 관계다. 어색함을 넘는 말, 그 시작은 거창한 화해가 아니라 아주 작은 용기에서 비롯된다. 그 용기가 우리의 마음을 다시 이어준다.

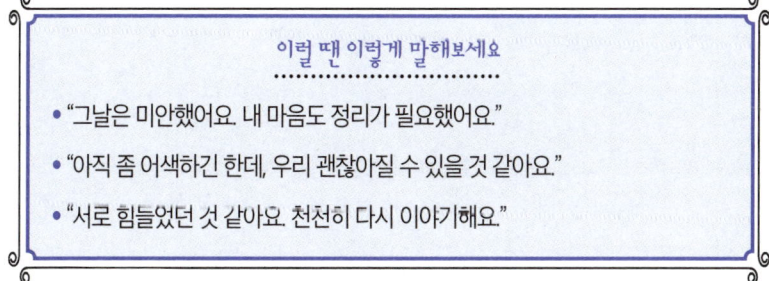

이럴 땐 이렇게 말해보세요

- "그날은 미안했어요. 내 마음도 정리가 필요했어요."
- "아직 좀 어색하긴 한데, 우리 괜찮아질 수 있을 것 같아요."
- "서로 힘들었던 것 같아요. 천천히 다시 이야기해요."

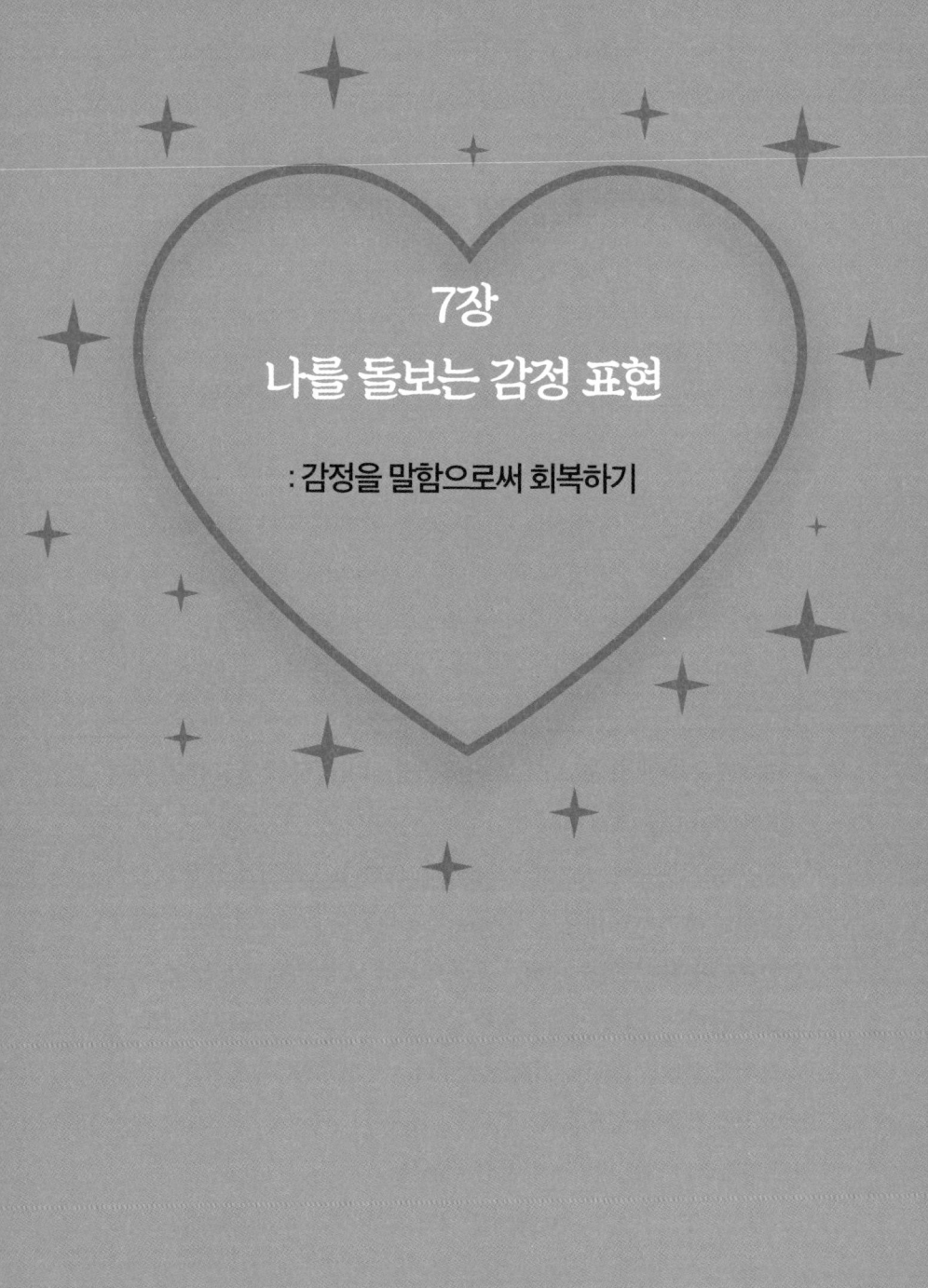

7장
나를 돌보는 감정 표현

: 감정을 말함으로써 회복하기

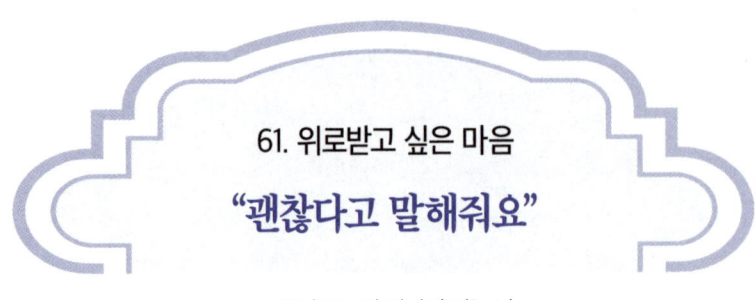

61. 위로받고 싶은 마음
"괜찮다고 말해줘요"

→ 품어주는 말 하나면 되는 날

　어떤 순간에는 긴 조언보다 단 하나의 말이 더 간절할 때가 있다. "괜찮아", "넌 충분히 잘하고 있어", "그럴 수도 있지" 같은 말들. 그런 말이 상황을 바꿔주진 않지만, 마음을 붙잡아주는 데는 충분하다. 사실 우리는 모두 알고 있다. 위로는 문제를 해결해주는 것이 아니라, 감정을 다독여주는 일이라는 것을. 그럼에도 우리는 그 말을 듣고 싶어 하고, 누군가가 내 마음을 알아주기를 바라며 귀를 기울인다. 그럴 때 필요한 건 거창한 조언이 아니라, 그저 함께 있어주는 마음이다.

　위로받고 싶은 마음은 약함이 아니다. 오히려 그건 자기 감정을 인정할 줄 아는 용기에서 비롯된다. 하지만 그 마음을 솔직하게 꺼내는 일은 생각보다 어렵다. "힘들어"라는 한마디조차 내뱉기 어려운 날이 있고, "괜찮지 않다"는 걸 인정하는 순간 스스로 무너질까 봐 두려운 날도 있다. 그래서 우리는 자주 무기력한 말투나 무심한 표정 뒤에 위로받고 싶은 마음을 감춘다. 겉으로는 아무렇지 않은 척하면서도, 속으로는 누군가가 다가와 주기를 바라며 하루를 버틴다.

　그럴 때 진짜 위로는 아주 단순한 말에서 시작된다. 해결하려 들지 않고, 판단하지 않고, 있는 그대로의 감정을 받아주는 말. "많이 힘들었겠다", "그런 마음 드는 거 당연해" 같은 말은 마치 굳게 닫힌 마음의 문을 조용히 두드리는 손길 같다. 그런 말 앞에서 우리는 천천히 긴장을 풀고, 다시 하루를 살아갈 힘을 얻게 된다.

　누군가의 위로를 기다리는 마음은 결코 약하지 않다. 오히려 우리는 서로의 말 한마디에 살아나고, 다시 견뎌낼 수 있게 된다. 때로는 먼저 말하지 않아도, 그 마음을 알아봐 주는 단 한 사람이 큰 위로가 된다. 그리고 언젠가 우리도 누군가에게 그런 말이 되어줄 수 있을 것이다. "괜찮아"라는 말 한마디가, 누군가의 하루를 붙잡아주는 힘이 될지도 모른다.

이럴 때 이렇게 말해보세요

- "지금은 그냥 괜찮다고 말해줬으면 좋겠어요."
- "해답보다 위로가 필요해요. 곁에 있어줘서 고마워요."
- "아무 말 안 해도 괜찮아요. 그저 옆에 있어주는 게 위로예요."

62. 혼자 있고 싶은 감정
조용히 나를 쉬게 해줘

→ 고요 속에서 나를 쉬게 하는 시간

사람들과 어울리는 일이 싫은 건 아니다. 누군가와 함께 웃고 떠들며 하루를 보내는 것도 좋다. 하지만 어느 순간 말수가 줄고, 눈을 마주치는 것도 피하게 될 때가 있다. 꼭 무슨 일이 있었던 건 아니지만, 그저 조용히 혼자 있고 싶은 마음이 찾아온다. 내 방 불을 끄고, 핸드폰을 멀리 두고, 아무 말도 하지 않아도 되는 고요 속에서야 비로소 숨을 돌릴 수 있을 것 같은 그런 마음. 그것은 사람을 피하려는 게 아니라, 나를 지키기 위한 회복의 시간이다.

혼자 있고 싶다는 감정은 사회성이 부족해서도, 누군가를 거부하고 싶어서도 아니다. 오히려 많은 감정을 감당해온 사람일수록 그런 시간이 더 간절하다. 아무 말도 듣지 않고, 설명할 필요도 없는 조용한 순간 속에서 무너진 마음을 천천히 가다듬고, 어지러운 생각을 정리하며 다시 나를 회복하는 것이다. 그런데도 누군가는 그 마음을 잘 이해하지 못하고, "왜 그래?", "무슨 일 있어?"라며 자꾸 묻는다. 그런 말들이 오히려 마음을 더 지치게 만들기도 한다.

사람은 누구나 가끔은 혼자이고 싶어진다. 나를 위한 공간, 나를 위한 시간, 나만의 온도로 숨 쉴 틈이 필요하다. 그런 시간을 제대로 보장받지 못하면, 사람들과의 관계에서도 점점 더 피로해지고 마음이 무뎌진다. 그래서 중요한 건 그 감정을 솔직하게 표현할 수 있는 용기다. "지금은 혼자 있고 싶어요", "말하기보다는 조용히 있고 싶어요"라는 말을 미안해하지 않고 꺼낼 수 있어야 한다. 그 말이 오히려 관계를 더 건강하게 만든다.

혼자 있고 싶다는 건, 함께하기 싫다는 뜻이 아니다. 오히려 다시 함께 웃기 위해 잠시 쉬고 싶다는 신호. 그 시간을 충분히 존중받고 나면, 다시 다정한 말과 따뜻한 눈빛으로 돌아올 수 있다. 그러니 누군가 그런 마음을 표현한다면, 말없이 그 곁을 지켜주는 것도 가장 따뜻한 배려가 될 수 있다. 때로는 조용함이 가장 깊은 위로가 되기도 하니까.

이럴 땐 이렇게 말해보세요

- "지금은 혼자만의 시간이 필요해요. 잠시 쉬고 싶어요."
- "말하고 싶지 않은 게 아니라, 지금은 조용히 있고 싶은 거예요."
- "괜찮아질 거예요. 지금은 그냥 나를 좀 쉬게 해주세요."

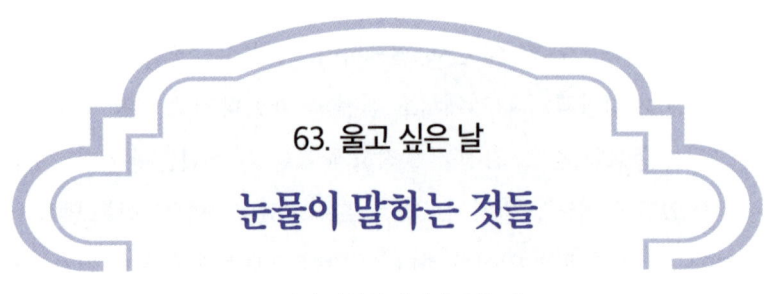

63. 울고 싶은 날
눈물이 말하는 것들

→ 가장 진실한 감정이 흐를 때

  울고 싶은 날은 예고 없이 찾아온다. 아침부터 이유 없이 기운이 없던 날일 수도 있고, 아무 일 없이 평범하게 흘러가던 하루였을 수도 있다. 그런데도 문득 한마디 말이 마음을 건드리거나, 잊었다고 생각했던 기억이 다시 떠오르거나, 끝내 꺼내지 못한 감정이 조용히 차오르다 보면 눈물이 흐른다. 그 눈물은 단순히 슬퍼서만 나오는 것이 아니다. 외로움, 억울함, 분노, 지침, 안도까지 여러 감정이 한데 얽힌 복합적인 언어다. 말로는 다 전할 수 없는 마음을 대신해서 눈물이 말해주고 있는 것이다.

  사람들은 종종 눈물을 약하다고 생각한다. 참는 것이 강함이고, 울지 않는 것이 성숙함이라고 말한다. 하지만 울고 싶다는 감정은 오히려 내 감정을 정확히 들여다보고 있다는 증거다. 스스로가 얼마나 힘들었는지를 마음 깊은 곳에서 알아차렸기에, 그 감정이 눈물로 흘러나오는 것이다. 만약 그 인식이 없었다면, 눈물도 없었을 것이다. 눈물은 어쩌면 몸이 보내는 마지막 신호일지도 모른다. 이제는 감정을 억누르지 말고 받아들여야 할 때라는 조용한 알림이다.

  그래서 울고 싶은 날은 울어도 된다. 누군가 앞에서든, 혼자이든, 눈물을 흘리는 것만으로도 마음의 무게는 조금은 가벼워진다. 중요한 건 그 감정을 억지로 참지 않고, 스스로 알아채고 인정하는 일이다. "나는 지금 힘들다"는 것을 받아들이는 순간, 그 한 번의 인정이 다시 나를 회복시키는 첫걸음이 된다.

울고 싶을 때는 어떤 말보다도 조용히 안아주는 마음이 위로가 된다. 그것이 타인이든, 나 자신에게든. 눈물이 흐른 자리에 조용히 평온이 찾아오고, 울음은 끝나고 나면 후련함을 남긴다. 그 후련함이 다시 하루를 살아가게 만든다. 그러니 울고 싶은 날, 그 눈물을 부끄러워하지 말자. 눈물은 나를 부드럽게, 다정하게 지켜주는 감정의 언어다.

이럴 땐 이렇게 말해보세요

- "괜찮지 않아서 우는 거예요. 그냥 울게 내버려두면 좋겠어요."
- "지금은 말보다 눈물이 먼저 나요. 감정이 조금 지나가면 이야기할게요."
- "울고 나면 괜찮아질 거예요. 조금만 기다려주세요."

64. 기대하고 싶은 마음
다시 희망을 품는 말

→ 언젠가는 좋아질 거라는 믿음

　기대라는 감정은 참 조심스럽다. 한 번 무너진 마음은 다시 되살리기 어렵고, 다시는 상처받고 싶지 않다는 두려움에 우리는 스스로 단단한 벽을 세우기도 한다. "괜히 기대했지"라는 말을 반복하며 마음을 다독이지만, 그 말 속에서도 사실은 여전히 누군가를, 어떤 가능성을, 더 나은 내일을 바라보고 있다. 기대하고 싶은 마음은 그렇게 조용히, 하지만 끈질기게 우리 안에 살아 있다. 그리고 어느 날, 누군가의 다정한 말 한마디나 따뜻한 눈빛 하나에 기대는 조용히 고개를 든다.

　상처를 겪은 뒤에도 누군가에게, 무엇인가에게 다시 마음을 열고 싶은 건 인간이 본래 지닌 회복의 본능이다. 기대는 결코 약함의 징표가 아니다. 오히려 기대할 줄 아는 사람은 여전히 살아 있고, 여전히 사랑할 줄 아는 사람이다. 세상에 지치고, 사람에게 실망하고, 심지어 자기 자신에게도 서운한 날들이 있더라도, "그래도 한 번 더" 하고 다짐하는 마음. 그 조용한 용기가 바로 기대다. 물론 그 기대는 때때로 무너질 수도 있다. 하지만 아무것도 기대하지 않는 삶은 서서히 감정이 마르고, 세상과 단절되기 시작한다. 우리는 살아 있기 위해서라도, 기대하는 법을 잊지 말아야 한다.

기대는 혼자만의 감정 같지만, 사실은 관계 속에서 자란다. 내가 누군가를 믿고, 누군가는 나를 알아봐 줄 거라는 믿음 위에서 희망은 싹튼다. 그래서 "넌 잘할 수 있어", "이번에는 괜찮을 거야" 같은 말은 단순한 격려를 넘어서, 기대를 허락해주는 따뜻한 위로다. 기대하고 싶은 마음은 무모함이 아니라, 다시 살아보겠다는 다짐이다. 그리고 그 다짐은 아주 작은 용기에서 시작된다.

그러니 누군가가 망설이는 목소리로 "기대해도 될까?"라고 묻는다면, 우리는 그 마음을 쉽게 무너지게 해서는 안 된다. 그리고 나 자신에게도 조심스럽게 말해줄 수 있어야 한다. "이번에는 기대해도 괜찮아. 혹시 다시 아프더라도, 그래도 지금은 희망을 품을 시간이야."

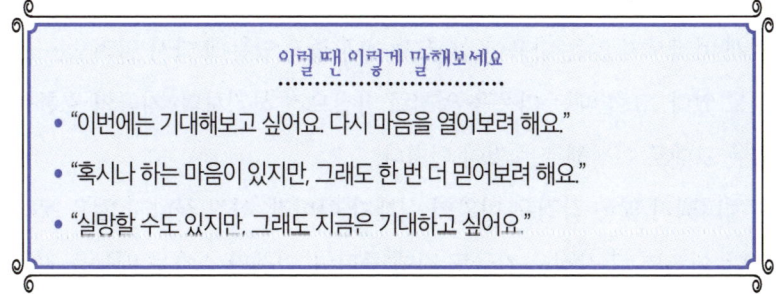

이럴 땐 이렇게 말해보세요

- "이번에는 기대해보고 싶어요. 다시 마음을 열어보려 해요."
- "혹시나 하는 마음이 있지만, 그래도 한 번 더 믿어보려 해요."
- "실망할 수도 있지만, 그래도 지금은 기대하고 싶어요."

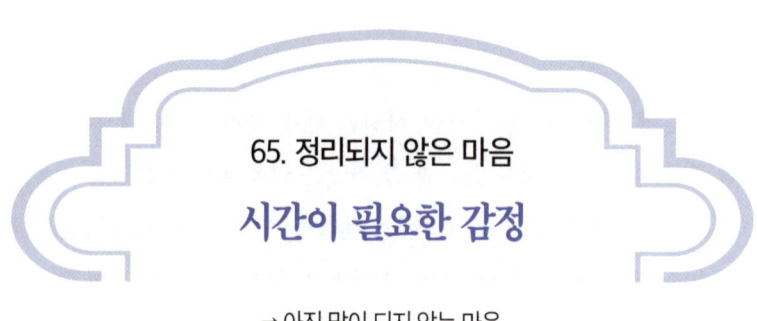

65. 정리되지 않은 마음
시간이 필요한 감정

→ 아직 말이 되지 않는 마음

　마음이란 참 복잡하다. 어떤 감정은 말로도 설명되지 않고, 어떤 감정은 스스로조차 이해하기 어려울 때가 있다. 기쁘면서도 허무하고, 고맙지만 서운하고, 놓고 싶으면서도 아쉽고, 끝냈는데도 여운이 남는다. 이처럼 여러 감정이 뒤엉켜 있을 땐, 아무리 애써도 명확한 해답은 쉽게 나오지 않는다. 마음이 정리되지 않은 채로 남아 있으면 일상은 흘러가지만 감정은 그 자리에 멈춘 듯한 느낌이 든다. 그래서 그런 상태에서는 억지로 결정을 내리기보다, 다만 시간을 받아들이는 태도가 필요하다.

　사람들은 종종 결단을 요구한다. "그래도 이제는 잊어야지", "결정은 내렸어야지"라는 말처럼. 하지만 모든 감정이 그렇게 빠르게 정리되지는 않는다. 감정에는 감정만의 속도가 있다. 아무리 이성적으로 따져도 쉽게 따라오지 않는 마음이 있고, 털어낸 줄 알았는데 다시 밀려오는 기분도 있다. 그럴 때는 마음을 억지로 다잡으려 하기보다, 지금의 흐름을 있는 그대로 인정해주는 것이 먼저다.

　정리되지 않은 감정은 미완의 실패가 아니라, 아직 끝나지 않은 문장이다. 어쩌면 그 감정은 지금도 진행 중이며, 언젠가 스스로 매듭을 지을 준비를 하고 있는 중일지도 모른다. 복잡한 감정은 내가 진심을 다해 어떤 일을 마주했기에 생긴 자연스러운 반응이다. 그러니 그 마음의 복잡함을 부끄러워하거나 조급해하지 않아도 괜찮다.

시간은 마음을 무조건 해결해주진 않지만, 감정을 천천히 가라앉히고, 때론 흐릿하게 만들고, 때론 방향을 잡게 해준다. 비록 완벽하게 정리되지 않더라도, 언젠가는 그 감정에 이름을 붙일 수 있는 날이 올 것이다. 그러니 지금은 스스로에게 이렇게 말해주자. "지금 이 마음이 혼란스럽고 복잡하더라도 괜찮아. 아직은 시간이 필요할 뿐이야."

이럴 땐 이렇게 말해보세요

- "내 마음이 아직 정리가 안 됐어요. 조금만 기다려주세요."
- "혼란스럽지만, 이 감정에도 시간이 필요하다는 걸 알아요."
- "조급하지 않게, 마음이 정돈될 때까지 스스로를 지켜주고 싶어요."

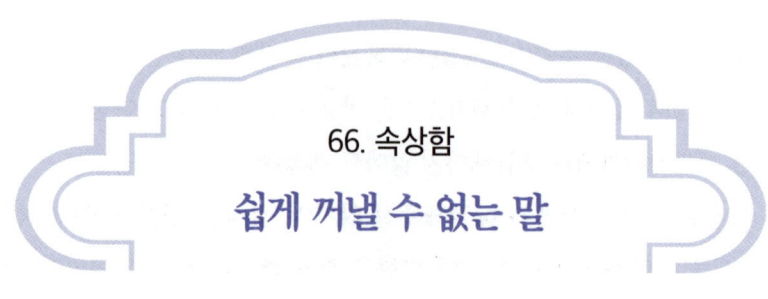

66. 속상함
쉽게 꺼낼 수 없는 말

→ 꾹 눌러 담은 한마디

　속상하다는 감정은 의외로 말하기 어렵다. 겉으로는 괜찮은 척하며 웃고 있어도, 마음 한구석은 조용히 무너져 있을 때가 있다. 말하면 오히려 예민하게 보일까 봐, 사소한 일에 지나치게 반응하는 사람처럼 여겨질까 봐 망설이게 된다. 혹시라도 말을 꺼냈다가 상대가 불편해지면 어쩌나, 관계가 어색해지면 어쩌나 싶은 마음에 결국 입을 다물고 만다. 그렇게 말하지 못한 감정은 쌓여서, 나도 모르게 표정에, 말투에, 행동에 스며든다.

　속상함은 겉으로 보기엔 작아 보일 수 있어도, 결코 가벼운 감정이 아니다. 서운함의 이면에는 기대가 있고, 아픔의 이면에는 애정이 있다. 무심한 말 한마디, 지나친 장난, 배려 없는 행동이 마음을 건드렸다는 것은, 그만큼 그 사람과의 관계를 소중하게 여겼다는 증거다. 속상함은 단지 감정의 흔들림이 아니라, 관계를 지키고 싶은 마음에서 비롯된 조용한 반응이다.

　하지만 그 감정을 설명하는 일은 서툴고 어렵다. "속상했어"라는 말 한마디에도 많은 용기가 필요하고, 그 말이 무겁게 받아들여질까 걱정

된다. 그래서 우리는 대개 그 감정을 속에 묻어둔다. 하지만 침묵은 결코 감정을 해소해주지 않는다. 오히려 마음의 문을 더 굳게 잠그게 만든다.

속상함을 털어놓는 일은, 관계를 끝내기 위해서가 아니라 계속 이어가고 싶다는 표현이다. "그때 그 말이 나를 힘들게 했어"라고 말하는 것은, 누군가를 탓하기 위해서가 아니라 나의 감정을 알아달라는 마음의 신호다. 그런 감정을 마주했을 때, 상대는 방어보다 이해로, 설명보다 공감으로 다가가야 한다.

그리고 무엇보다 중요한 건, 나 자신에게도 그 감정을 솔직히 인정하는 일이다. "나는 지금 속상해. 그 일이 내 마음을 아프게 했어"라고 말해줄 수 있어야 한다. 감정은 억누른다고 사라지는 것이 아니다. 정면으로 바라보고 다독일 때 비로소 흩어지고, 스스로를 위로할 수 있게 된다. 속상함은 우리가 마음을 제대로 돌볼 때, 조금씩 자리를 비운다.

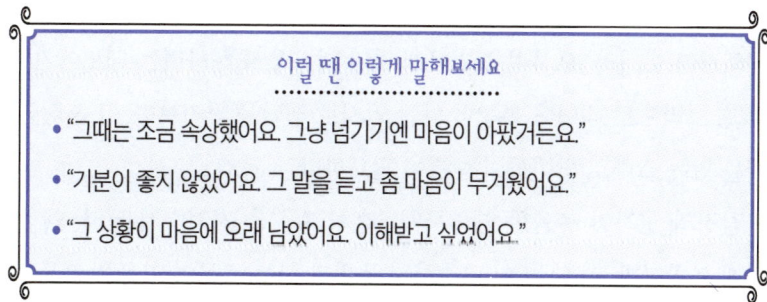

이럴 땐 이렇게 말해보세요
- "그때는 조금 속상했어요. 그냥 넘기기엔 마음이 아팠거든요."
- "기분이 좋지 않았어요. 그 말을 듣고 좀 마음이 무거웠어요."
- "그 상황이 마음에 오래 남았어요. 이해받고 싶었어요."

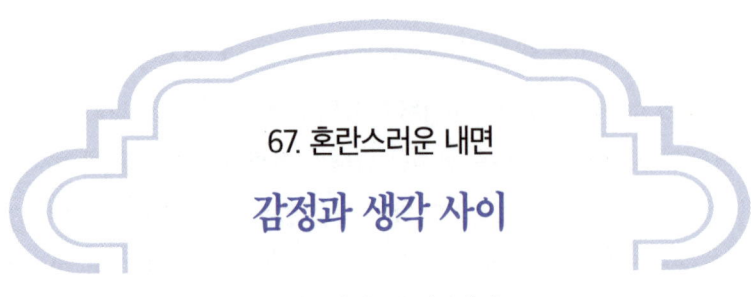

67. 혼란스러운 내면
감정과 생각 사이

→ 마음이 서로를 밀어낼 때

감정은 분명 무언가를 말하고 있는데, 생각은 그것을 인정하지 않으려 들 때가 있다. 머릿속에서는 "그럴 수도 있지"라고 이해하려 하지만, 마음은 여전히 아프고 서운하며 지쳐 있다. 반대로 마음은 괜찮다고 말하는데, 생각은 자꾸 그 말을 믿지 못하고 의심하며 엉켜버린다. 이럴 때 우리는 문득 멈춘다. 말도 줄고, 판단도 흐려지며, 모든 움직임이 둔해진다. 감정과 생각이 서로 다르게 흘러가는 이 어긋남은, 결국 스스로를 더 지치게 만든다.

누군가는 이런 상태를 두고 '예민하다', '생각이 많다'고 말할지도 모르지만, 실은 그만큼 마음을 깊이 들여다보고 있다는 뜻이다. 감정을 감정대로 두지 못하고, 생각을 생각대로 흘려보내지 못하는 이 혼란은 나약해서가 아니라, 오히려 진지하게 자기 마음을 이해하려는 태도이기도 하다. 그러므로 내면이 복잡할 때는 억지로 정답을 찾기보다, 그 혼란 자체를 있는 그대로 받아들이는 것이 필요하다.

감정과 생각이 충돌할 때, 우리는 흔히 자신을 자책하게 된다. 왜 이렇게 복잡할까, 왜 나는 더 단순하지 못할까 하는 질문이 마음을 흔든다.

하지만 마음이 복잡하다는 것은, 지금 어떤 선택도 가볍게 넘기고 싶지 않다는 의미일 수 있다. 그리고 그것은 지금 나에게 더 많은 시간과 공간이 필요하다는 조용한 신호일지도 모른다.

이럴 때 가장 먼저 해야 할 일은, 나를 서두르지 않는 것이다. 판단을 잠시 멈추고, 감정이 흐르는 시간을 허락하는 것이다. "나는 지금 혼란스럽다"는 말만으로도 마음은 조금씩 정돈되기 시작한다. 모든 것을 이해하지 않아도 괜찮다. 완벽히 괜찮지 않아도 괜찮다. 생각과 감정이 어긋나는 그 순간에도, 나는 여전히 나답게 살아가고 있다는 사실을 기억하자.

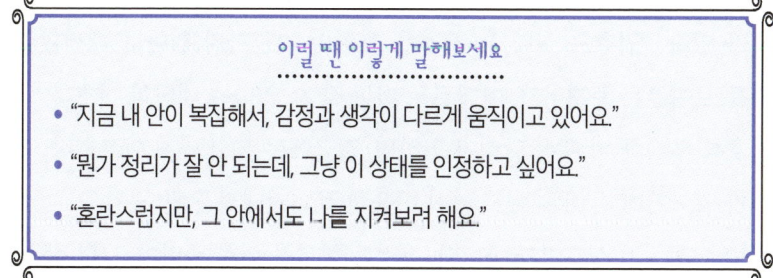

이럴 땐 이렇게 말해보세요

- "지금 내 안이 복잡해서, 감정과 생각이 다르게 움직이고 있어요."
- "뭔가 정리가 잘 안 되는데, 그냥 이 상태를 인정하고 싶어요."
- "혼란스럽지만, 그 안에서도 나를 지켜보려 해요."

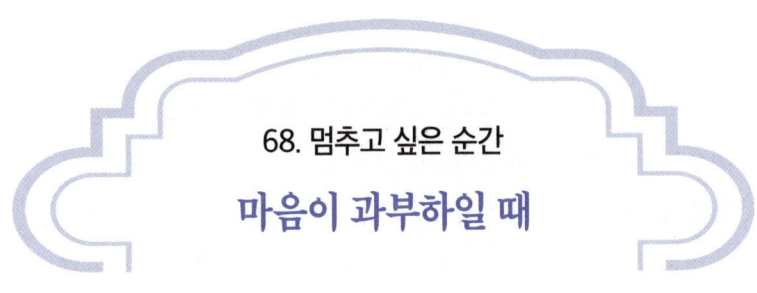

68. 멈추고 싶은 순간
마음이 과부하일 때

→ 멈춰도 괜찮다고 말해주는 시간

  살다 보면 모든 것을 다 내려놓고 멈추고 싶어지는 순간이 있다. 특별히 큰 문제가 있었던 것도 아닌데, 조용히 쌓여온 피로가 어느새 임계점을 넘어버린다. 해야 할 일도, 만나야 할 사람도, 처리해야 할 감정도 한꺼번에 몰려들 때, 마음은 더 이상 감당할 수 없어 조용히 "멈추고 싶다"고 속삭인다. 그 감정을 말로 꺼내지 못한 채, 우리는 하루하루를 겨우 버티며 살아낸다. 하지만 그런 감정은 결코 이상한 것이 아니다. 과부하가 걸린 마음에게는 잠시 숨을 고를 수 있는 '정지 버튼'이 반드시 필요하다.

  사람들은 흔히 '쉼'을 게으름이나 책임 회피로 오해하지만, 마음에도 분명한 체력이 있다. 아무렇지 않은 척, 괜찮은 척 버티는 데도 분명 한계가 있다. "멈추고 싶다"는 감정은 오히려 지금까지 얼마나 애써왔는지를 보여주는 증거이자, 이대로는 더는 갈 수 없다는 내면의 신호다. 그 신호를 무시한 채 계속 달리기만 하면, 결국에는 몸이 먼저 아프거나, 관계가 멀어지거나, 아무 예고 없이 마음이 무너져내리게 된다.

  멈춘다는 것은 포기가 아니다. 그것은 회복을 위한 준비이고, 더 잘 달리기 위한 호흡의 조절이다. 잠시 아무것도 하지 않고, 느릿하게 시간을 흘려보내도 괜찮다. 중요한 것은, 그 시간 동안 내 마음이 다시 숨을 고르고, 중심을 회복하는 일이다. 그 과정을 통해 비로소 나는 나를 다시 일으킬 수 있다.

스스로에게 가만히 물어야 한다. "나는 지금 정말 괜찮은가?", "조금 멈춰도 괜찮지 않을까?", "이 피로가 나를 잠식하고 있지는 않은가?" 멈추고 싶은 마음이 찾아왔다면, 멈춰야 한다. 누구에게 설명하지 않아도 되고, 이유를 증명하지 않아도 된다. 조용히 혼자 머무는 그 시간이야말로, 나를 다시 살게 해주는 힘이 된다. 지금 이 순간이 견디기 힘들다면, 당신은 멈출 수 있는 충분한 자격이 있는 사람이다.

이럴 땐 이렇게 말해보세요

- "지금은 잠시 멈추고 싶어요. 다시 숨을 고르고 싶어요."
- "많이 지쳤어요. 조금만 나를 쉬게 두고 싶어요."
- "지금은 아무것도 결정하고 싶지 않아요. 그냥 머물고 싶어요."

69. 받아들이기
안간힘을 놓을 때

→ 있는 그대로의 나를 품는 연습

애써 이겨보려 했던 감정이 있다. 아무 일 아닌 듯 넘겨보려 했던 순간들이 있고, 괜찮다고 스스로에게 말하며 억지로 어깨를 펴고, 눈물을 삼키며 버텼던 시간들이 있다. 그렇게 안간힘으로 버틴 날들은 분명 의미 있었지만, 어느 순간 우리는 깨닫는다. 이제는 더 밀어내기만 해서는 안 된다는 것을. 감정을 억누르는 대신, 있는 그대로 마주하고 껴안을 때 비로소 마음이 숨을 쉬기 시작한다는 것을. 받아들인다는 건 끝내는 일이 아니라, 이제 더는 나를 몰아세우지 않겠다는 다짐이다.

받아들임에는 용기가 필요하다. 억울함, 분노, 후회, 무력감, 슬픔… 복잡한 감정을 있는 모습 그대로 바라보고, 지금의 현실을 외면하지 않아야 한다. '왜 나만 이럴까'라는 억울함에서 '그럴 수도 있지'로 건너가는 길은 결코 짧지 않다. 때론 '그만 놓자', '내려놓자'는 말조차 아프게 들릴 때가 있다. 하지만 마음 한켠은 이미 알고 있다. 애써 붙잡고 있어도 바뀌지 않는 일들이 있고, 억지로 감정을 덮으려 할수록 더 깊이 흔들린다는 것을.

그래서 받아들인다는 건 포기가 아니라, 새로운 출발이다. 밀쳐두었던 감정을 내 안으로 불러들이고, 그 감정이 조용히 흘러갈 수 있도록 자리를 마련해주는 것이다. "나는 아팠다", "나는 실망했다", "나는 후회하고 있다"는 말을 조용히 스스로에게 건네는 것. 그것이 안간힘을 놓는 첫 걸음이다. 그렇게 꼭 쥐고 있던 감정을 조금씩 내려놓을 때, 마음은 더 부드러워지고, 시야는 넓어지며, 삶은 이전보다 조금 덜 버겁게 느껴진다.

나를 다그치며 버티는 것보다, 나를 품어 안으며 견디는 일이 오히려 더 큰 힘이 된다. 안간힘을 놓고, 지금 이 순간의 나를 있는 그대로 받아들이는 것. 그것이 진짜 회복의 시작이다.

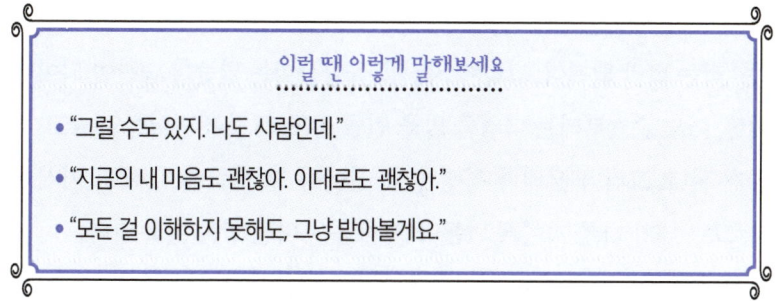

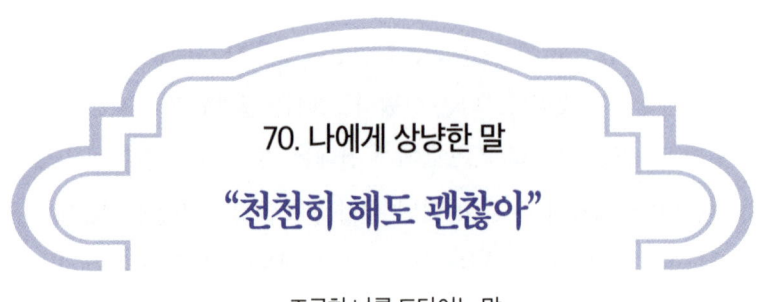

70. 나에게 상냥한 말
"천천히 해도 괜찮아"

→ 조급한 나를 토닥이는 말

우리는 종종 무언가에 쫓기듯 살아간다. 해야 할 일은 줄지 않고, 시간은 쉼 없이 흐르고, 주변 사람들의 속도는 언제나 내 앞을 달리는 것만 같다. 그래서 멈추면 안 될 것 같고, 늘 뒤처질까 불안해서 '조금만 더', '조금만 빨리'라고 스스로를 재촉하며 하루를 버틴다. 그런 날들이 계속되면 마음은 점점 지치고, 숨 쉴 틈조차 사라진다. 그래서 때때로 내 마음에도 상냥한 말 한마디가 절실하다. "지금처럼 천천히 가도 괜찮아." 그 말 하나에 마음이 풀리고, 답답했던 숨이 트이는 순간이 분명히 있다.

하지만 나에게 상냥하게 말하는 일은 생각보다 어렵다. 다른 사람에게는 아무렇지 않게 "천천히 해도 돼", "너무 무리하지 마"라고 말하면서도, 정작 내게는 "왜 이것밖에 못 했어?", "이러다 뒤처지는 거 아니야?"라는 말만 되뇐다. 그렇게 자신을 몰아붙이는 말들이 습관이 되어버리면, 어느 순간부터는 다정한 말을 건넬 줄도, 그것을 받아들일 줄도 모르게 된다. 그러나 우리가 평생 함께 살아야 할 사람은 바로 나 자신이다. 그런 내가 나를 지치게 만든다면, 마음은 버틸 힘을 잃고 만다.

상냥한 말은 조용하지만 깊은 힘을 갖고 있다. 그것이 무언가를 바꾸거나 문제를 해결해주진 않지만, 마음속에 '그래도 괜찮다'는 믿음을 심는다. 그리고 그 믿음은 언젠가 나를 다시 일으켜 세운다. 누구보다 내 마음은 알고 있다. 빨리 간다고 좋은 것만은 아니라는 걸. 느리게 가도 괜찮고, 잠시 멈춰도 괜찮고, 돌아가도 결국 도착할 수 있다는 걸. 그런데도 우리는 자꾸 다른 사람의 속도에 나를 맞추고, 그 비교 속에서 내 호흡을 잃어버린다.

그러니 오늘만큼은 내 마음에 이렇게 말해보자. "천천히 해도 괜찮아. 지금 이대로도 괜찮아." 그 한마디는 스스로를 다그치던 마음을 풀어주고, 헐떡이던 삶의 리듬을 다시 조율해준다. 내 속도를 믿고, 내 호흡을 지켜주는 하루. 그것만으로도 우리는 충분히 잘 살아가고 있는 것이다.

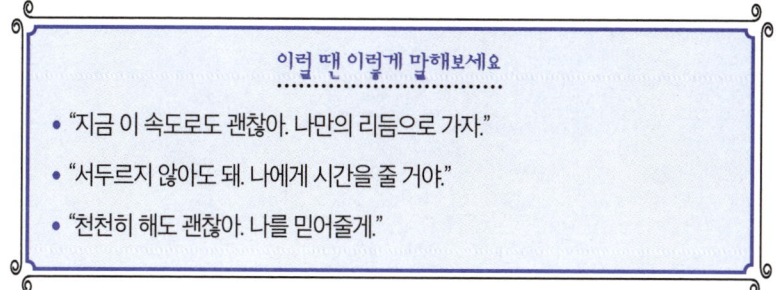

이럴 땐 이렇게 말해보세요

- "지금 이 속도로도 괜찮아. 나만의 리듬으로 가자."
- "서두르지 않아도 돼. 나에게 시간을 줄 거야."
- "천천히 해도 괜찮아. 나를 믿어줄게."

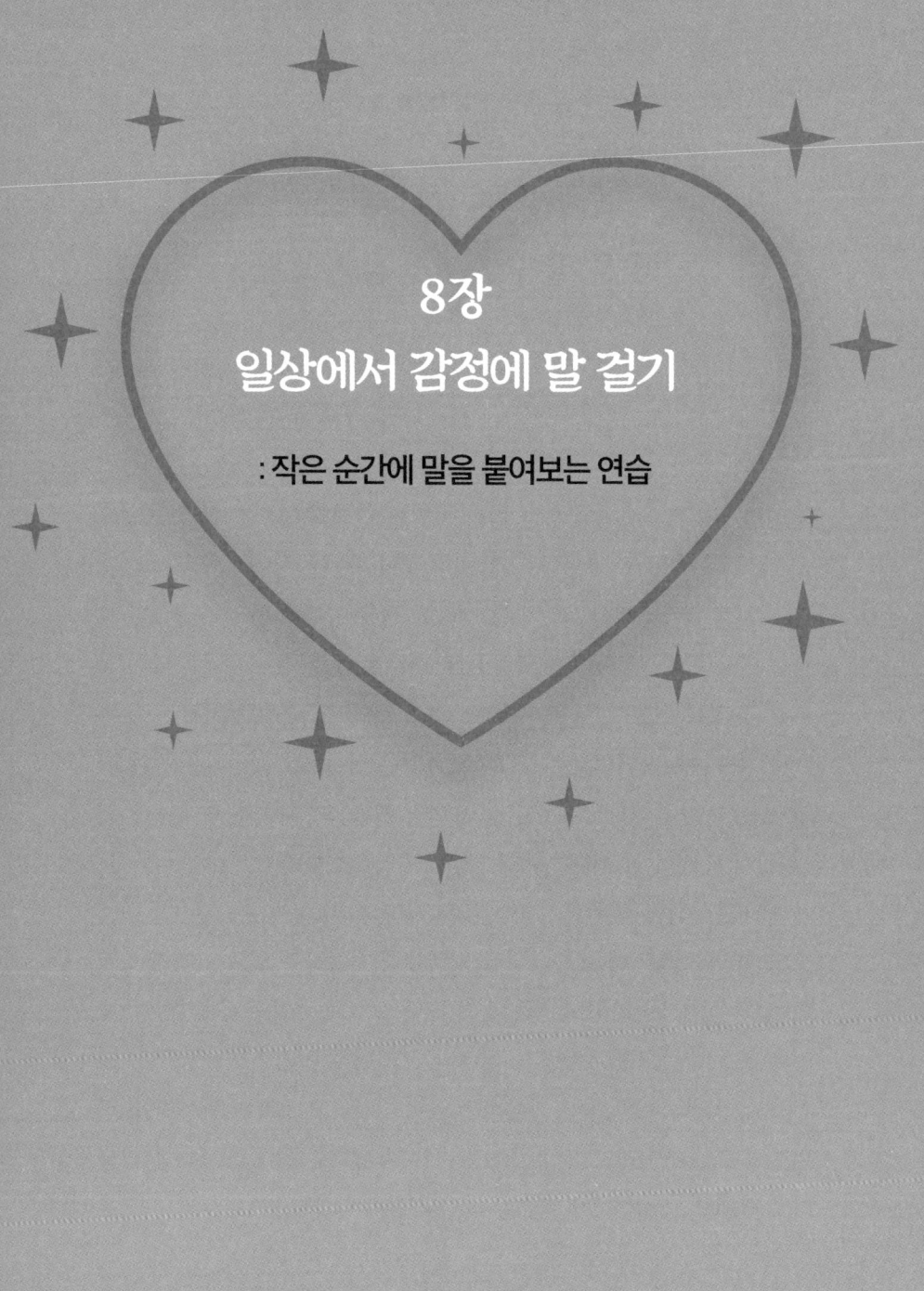

8장
일상에서 감정에 말 걸기

: 작은 순간에 말을 붙여보는 연습

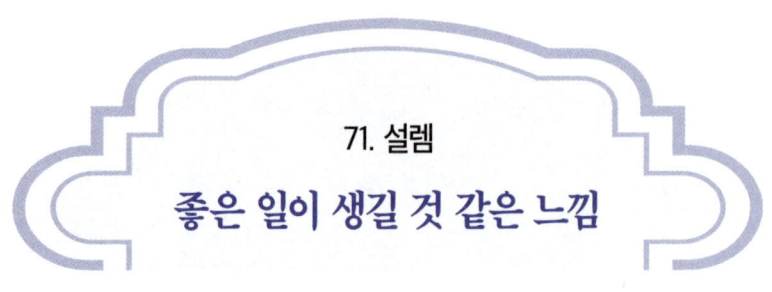

71. 설렘
좋은 일이 생길 것 같은 느낌

→ 마음이 먼저 알아챈다, 좋은 일이 곧 올 것만 같은 날

설렘이란 반드시 누군가를 향한 특별한 감정일 필요는 없다. 창밖으로 내리쬐는 따뜻한 햇살을 느낀 아침, 좋아하는 사람에게서 도착한 짧은 메시지 한 줄, 혹은 오랜만에 계획한 작은 여행을 앞둔 순간에도 우리는 마음 한켠이 말랑해지고 들뜬다. 설렘은 꼭 무언가 특별한 일이 일어날 것 같아서라기보다는, 지금 이 순간이 이미 충분히 좋다고 느낄 수 있을 때 피어나는 감정이다. 그래서 설렘은 현실보다 감정의 예감에 가깝다. 아직 확실하지 않아도 괜찮고, 아직 정해지지 않아도 기대할 수 있다. 단지 그 마음 하나로도 하루가 한결 가볍고 환해진다.

하지만 설렘은 오래 품기 쉽지 않다. 나이를 먹고 어른이 될수록 기대보다 현실을 먼저 떠올리게 되고, 낭만보다 가능성과 효율을 따지게 되며, 결과를 예측하고 미리 단념하려 하다 보니 설렘의 문턱에 이르기도 전에 마음의 문을 닫아버릴 때가 많다. 그러나 설렘은 완벽한 조건을 요구하지 않는다. 아주 작은 가능성만 있어도 마음은 조용히 반응한다. 평범했던 오늘이라 해도 내일은 조금 다를 수 있다는 기대, 그것이 우리를 다시 걷게 하고 살아가게 만드는 작고 깊은 힘이 된다.

설렘은 거창하고 특별한 일에서만 오는 것이 아니다. 예고 없이 다가오는 가벼운 떨림, 익숙한 일상 속에서 문득 마주하는 새로움, 반복되는 하루 안에서도 스스로 발견하는 변화의 기미. 그것만으로도 우리는 마음속 깊은 곳에서 살며시 움직인다. 중요한 것은 그 감정을 억누르지 않는 일이다. "괜히 기대했나 봐"라고 미리 실망하기보다, "혹시 좋은 일이 생길지도 몰라"라고 조심스레 마음을 열어두는 것. 그러한 여유를 자신에게 허락할 수 있을 때, 설렘은 더 자주, 더 자연스럽게 우리 곁을 찾아온다.

설렘은 미래가 주는 보상이 아니라, 지금 이 순간 내가 나에게 건네는 따뜻한 감정이다. 그러니 망설이지 말고 오늘의 설렘을 받아들이자. 이유 없이 기분이 좋다면 그 기분을 그대로 품고 하루를 살아가 보자. 세상이 당장 달라지지 않더라도, 당신의 하루는 그 감정 덕분에 분명 조금 더 부드럽고 빛날 것이다.

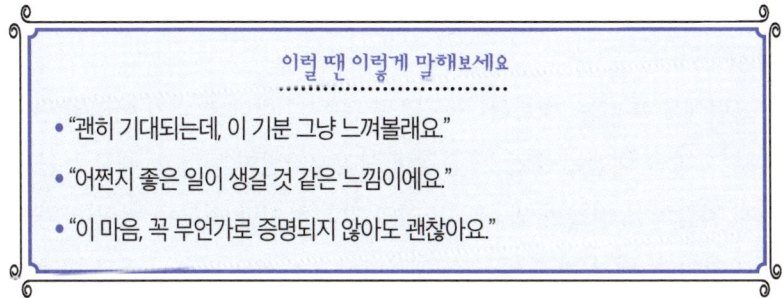

이럴 땐 이렇게 말해보세요

- "괜히 기대되는데, 이 기분 그냥 느껴볼래요."
- "어쩐지 좋은 일이 생길 것 같은 느낌이에요."
- "이 마음, 꼭 무언가로 증명되지 않아도 괜찮아요."

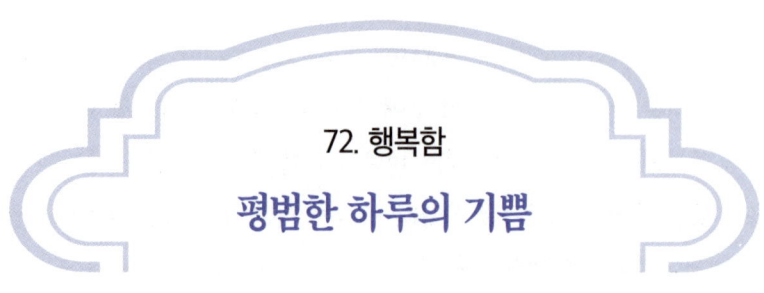

72. 행복함
평범한 하루의 기쁨

→ 별다를 것 없는 하루가 괜히 웃음 짓게 만드는 이유

한때는 행복이란 특별한 날에만 찾아오는 감정이라 여겼다. 커다란 성취를 이루었을 때, 오래도록 바라던 일이 마침내 현실이 되었을 때, 혹은 인생에서 몇 번 있을까 말까 한 반짝이는 순간들 속에만 머무는 것이라 믿었다. 하지만 시간이 흐르고, 삶의 결이 조금씩 익어가면서 알게 된다. 진짜 행복은 거창한 사건 속이 아니라, 아무 일도 일어나지 않는 평범한 하루의 틈에 조용히 숨어 있다는 것을.

매일 마시던 커피 한 잔이 오늘은 유난히 향긋하게 느껴질 때, 퇴근길 하늘이 어쩐지 더 깊고 푸르게 다가올 때, 아무 이유 없이 마음이 평온해지는 순간이 찾아올 때, 그 잔잔한 기쁨이 바로 행복이라는 사실을 문득 깨닫게 된다. 그 감정은 격하지 않고, 소란스럽지 않지만, 오래도록 마음에 남는다.

그럼에도 우리는 '행복하다'는 말을 선뜻 입 밖에 꺼내기 어려워한다. 혹시 그 말을 내뱉는 순간 그 감정이 사라져버릴까 두렵고, 때론 누군가에게 자랑처럼 비칠까 봐 조심스러워진다. 하지만 행복은 자랑이 아니라 자각이다. 내가 지금 이 순간 행복하다고 느끼는 것을 스스로 인정할 때, 비로소 그것은 내 마음에 깊게 자리 잡는다. '이 정도는 행복이라 할 수 없지'라는 기준을 내려놓을 수 있다면, 우리는 훨씬 더 많은 순간에 기쁨을 발견할 수 있다.

누군가의 다정한 인사, 오랜 친구와의 짧은 안부, 잘 익은 과일 하나, 조용한 오후의 햇살 한 줄기. 그 모든 것들은 삶이 우리에게 선물하는 작고도 충분한 행복의 조각들이다. 행복은 멀리 있지 않다. 그것을 알아볼 줄 아는 감수성과, 그 순간을 놓치지 않으려는 마음의 여유가 있을 뿐이다.

삶이 무미건조하게 느껴지는 날에도, 스스로에게 이렇게 물어보자. "오늘 내가 지나쳐버린 기쁨은 없었을까?" 아주 사소한 장면 속에서, 당신은 이미 여러 번 웃고 있었는지도 모른다. 그걸 알아채는 바로 그 순간, 우리는 이미 행복한 사람이다.

이럴 땐 이렇게 말해보세요

- "별일 없었지만, 괜찮았어. 그런 오늘이 참 좋았어."
- "지금 이 순간이 괜히 좋다. 그냥 이유 없이."
- "크지 않아도 기쁜 일, 오늘도 하나 있었다."

73. 만족감
오늘 이 정도면 충분해요

→ 더 바라지 않아도 되는 날, 지금 이 순간이 고마워서

우리는 늘 '더 잘해야 한다', '더 많이 이뤄야 한다'는 생각 속에 살아간다. 그래서 하루가 끝날 무렵, 자신에게 이렇게 묻곤 한다. "이것밖에 못 했어?", "이걸로는 부족하지 않아?" 하지만 어떤 날은 그저 무사히 하루를 보냈다는 사실만으로도 충분히 잘한 일이다. 아침에 눈을 떴고, 밥을 챙겨 먹었고, 꼭 완벽하지는 않아도 해야 할 일들을 어쨌든 마무리했다면, 그 하루는 분명히 잘 살아낸 하루다. 만족감은 성취의 크기에서 비롯되는 것이 아니라, 지금의 나를 있는 그대로 인정해주는 마음에서 피어난다.

만족을 느낀다는 것은 나 자신에게 다정하게 말을 걸 수 있다는 뜻이다. 부족함을 애써 덮거나 현실을 포장하는 것이 아니라, 지금의 삶을 있는 그대로 바라보며 "그래도 괜찮아"라고 말하는 용기다. 어제보다 나아지지 않아도 괜찮고, 남들보다 조금 늦더라도 괜찮다. 중요한 건 오늘의 나에게 실망하지 않고, 스스로에게 다정한 시선을 보낼 수 있는가다. 조급한 마음 대신 '이 정도면 잘했어'라는 말로 나를 안아주는 것, 그것이야말로 내면을 단단하게 만든다.

물론 만족감은 저절로 찾아오지 않는다. 비교의 습관을 멈추고, 끊임없이 나를 몰아세우던 마음을 조용히 앉혀두어야 비로소 생겨나는 감정이다. 만족이란 멈춤이 아니다. 더 나아가기 위해 잠시 숨을 고르는 시간이며, 나를 회복시키는 자그마한 여백이다. 그 여백을 허락할 줄 아는 사람만이 자신의 속도로, 자기만의 길을 지켜나갈 수 있다. 그렇게 마음이 다치지 않는 방향으로 조금씩 나아가다 보면, 작은 성취도 큰 기쁨이 된다.

오늘 하루가 유난히 평범했다면, 그것이 바로 당신이 잘 살아냈다는 증거일지도 모른다. 내 안에서, 내 삶 안에서 '충분하다'고 말할 수 있는 힘이 있을 때, 바깥의 평가에 휘둘리지 않는 삶이 가능해진다. 그러니 오늘의 자신에게 이렇게 말해보자. "이 정도면 괜찮아. 오늘도 나답게 잘 살아냈어." 그 한마디가 내일을 살아가는 나에게 다정한 힘이 되어줄 것이다.

이럴 땐 이렇게 말해보세요

- "많은 건 아니지만, 오늘은 이걸로 충분해."
- "지금 이 순간, 나는 내 자신이 괜찮다고 느껴요."
- "조금 부족해도 괜찮아요. 오늘의 나는 잘했어요."

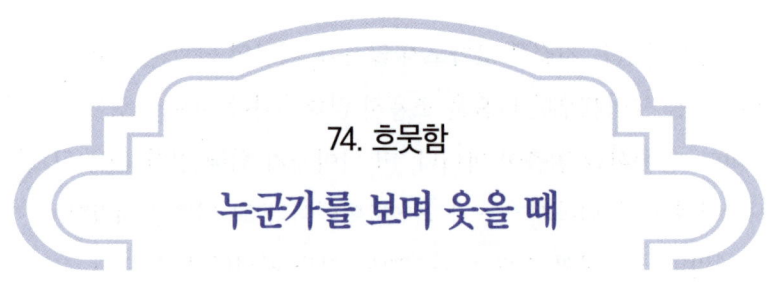

74. 흐뭇함
누군가를 보며 웃을 때

→ 말없이 바라보는 눈길 속에 피어나는 따뜻한 웃음

'흐뭇함'이라는 말에는 따뜻한 여백이 담겨 있다. 그것은 꼭 크고 환한 웃음이 아니어도, 소리 내어 표현하지 않아도, 마음 한편이 부드럽게 웃고 있는 듯한 느낌이다. 이 감정은 누군가를 향한 자랑스러움일 수도 있고, 내가 사랑하는 사람이 조금씩 자라나는 모습을 지켜보며 느끼는 잔잔한 기쁨일 수도 있다. 상대가 나를 향하지 않아도 괜찮고, 내가 드러나지 않아도 상관없다. 흐뭇함은 그저 '좋다'는 감정이 조용히 파장처럼 퍼져 나가는 순간이며, 그 파장이 내 마음을 다정하게 물들일 때 우리는 흐뭇하다고 말한다.

이 감정은 종종 타인의 기쁨을 통해 더욱 선명해진다. 예를 들어, 어린아이가 스스로 신발 끈을 묶는 모습을 바라볼 때, 친구가 오래 준비해 온 일을 마침내 해냈을 때, 부모님이 평온한 얼굴로 웃고 있는 모습을 바라볼 때처럼. 우리는 그들의 기쁨에 기대어, 나도 모르게 미소를 짓는다. 그 순간 흐뭇함은 내 삶을 돌아보게 하고, 동시에 내가 누군가에게 어떤 존재로 기억되고 있는지 되묻게 한다.

흐뭇한 감정을 느낄 수 있다는 것은 내 마음이 아직 닫히지 않았다는 증거다. 타인의 행복을 질투하지 않고, 나의 잣대로 판단하지 않으며, 그저 그 사람의 순간을 함께 기뻐할 수 있다는 것. 그것은 마음의 건강함이며, 동시에 관계를 부드럽게 이어주는 따뜻한 연결이다. 흐뭇함은 비교도, 경쟁도, 보상도 필요로 하지 않는다. 그저 지켜보는 것만으로 충분하기 때문이다. 그래서 이 감정은 오래도록 마음에 남고, 반복될수록 더 깊어진다.

오늘 하루, 누군가를 보며 흐뭇한 웃음을 지었다면, 그것만으로도 충분히 좋은 하루를 산 것이다. 당신의 마음에 잔잔히 생긴 그 따뜻한 물결은 어쩌면 그 사람의 하루까지도 부드럽게 감싸주었을지 모른다.

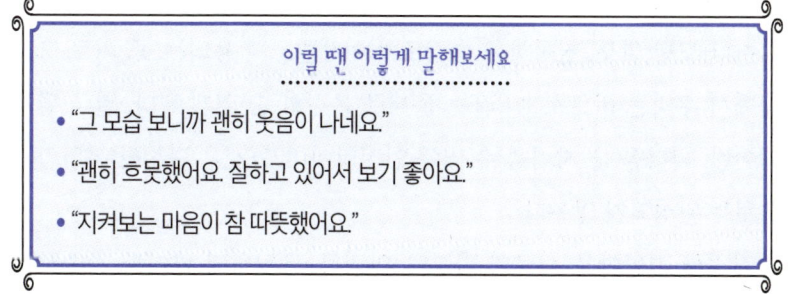

이럴 땐 이렇게 말해보세요

- "그 모습 보니까 괜히 웃음이 나네요."
- "괜히 흐뭇했어요. 잘하고 있어서 보기 좋아요."
- "지켜보는 마음이 참 따뜻했어요."

75. 편안함
나답게 있을 수 있는 공간

→ 힘을 빼도 괜찮은 곳, 내 마음이 숨 쉬는 자리

'편안함'이라는 말은 단순한 상태를 넘어서는 감정이다. 몸이 쉬는 것도 중요하지만, 마음이 긴장을 풀고 경계심을 내려놓을 수 있어야 비로소 진짜 편안해진다. 그러한 순간은 설명하기 쉽지 않다. 특별히 말을 많이 하지 않아도 어색하지 않고, 억지로 웃지 않아도 충분하며, 내 속마음을 굳이 꾸미지 않아도 괜찮은 시간. 편안함은 있는 그대로의 나를 받아들이고 허용하는 관계나 공간에서 자연스레 피어나는 감정이다.

우리는 대부분 사회 속에서 '무엇이 되어야 한다'는 기대 속에 살아간다. 직장에서는 맡은 역할을 수행해야 하고, 다양한 관계 속에서는 이미지나 기대에 맞춰 자신을 조정하며 행동한다. 그러나 어떤 공간, 어떤 사람 곁에서는 그런 의식이 자연스럽게 느슨해지기도 한다. 나의 서툰 모습이나 모난 말투, 침묵하는 순간조차 이해받고 수용되는 곳. 바로 그런 곳에서 우리는 비로소 '나'라는 존재로 온전히 숨 쉬게 된다. 결국 편안함이란 '나다움'을 지켜낼 수 있는 안전함이며, 그것은 단순히 분위기만으로는 완성되지 않는다.

진정한 편안함은 서로의 다름을 인정하고, 말하지 않아도 존중하는 관계 속에서 만들어진다. 있는 그대로 괜찮다는 시선, 굳이 설명하지 않아도 전해지는 따뜻함. 그것들이 차곡차곡 쌓일 때, 그 공간은 우리에게 깊은 쉼이 된다. 그것이 집일 수도 있고, 누군가의 곁일 수도 있으며, 때로는 나 혼자 머무는 조용한 시간일 수도 있다. 중요한 것은 내가 나로 있을 수 있는 상태를 스스로에게 허락하는 일이다.

오늘 하루, 그런 순간이 있었다면 그것만으로도 삶은 한층 단단해진다. 우리가 계속해서 앞으로 나아갈 수 있는 이유 중 하나는 바로 그 편안함이 삶 속에 자리하고 있기 때문이다. 바쁘고 고단한 일상 속에서도 나 자신에게 편안해질 수 있는 시간을 내어주는 것. 그것이야말로 지금 우리에게 가장 필요한 마음의 배려다.

이럴 땐 이렇게 말해보세요

- "네 옆에 있으면 마음이 편해져."
- "여기 있으면 괜히 나를 숨기지 않아도 돼서 좋아."
- "그냥 있는 그대로 있어도 괜찮은 느낌이야."

76. 그리움
보고 싶은 사람이 있을 때

→ 닿을 수 없는 이름 하나가 마음을 오래 흔드는 날

    그리움은 마음이 자주 머무는 곳이다. 보고 싶은 얼굴, 함께 보냈던 시간, 익숙한 목소리, 사소했던 일상의 풍경까지도 모두 그리움의 배경이 된다. 이 감정은 무언가를 잃었을 때만 생기는 것이 아니다. 지금 곁에 있거나 곧 만날 수 있는 사람에게조차, 마음이 먼저 닿는 순간 우리는 그립다는 감정을 느낀다. 그리움은 늘 한 발 앞서 마음을 움직이게 하고, 말보다 조용하게 오래 남는다.

    누군가를 그리워한다는 것은 그 사람이 여전히 내 마음속에 중요하게 존재하고 있다는 뜻이다. 함께하지 못하는 시간 동안에도 그 존재가 내 감정과 생각을 물들일 만큼, 그 사람은 내 삶에 깊은 흔적을 남긴 것이다. 그래서 그리움은 아프기도 하지만, 때로는 그 감정 덕분에 마음이 따뜻해지기도 한다. 이상하게도 기억은 시간이 흐를수록 부드러워지고, 그 안의 장면들은 오히려 또렷해지곤 한다.

    그리움을 표현하는 일은 크지 않은 말 한마디에서 시작된다. "잘 지내?", "문득 생각났어", "그때가 그립다"는 짧은 문장 안에도 마음은 충분히 담길 수 있다. 하지만 종종 말로 꺼내기보다는 마음속에서 조용히 곱씹는 경우가 더 많다. 우리는 그리움을 혼자서 감당하려 하고, 누군가를 향한 그 마음을 소중히 아껴두는 법을 배워간다. 때로는 너무 그리워서 아무 말도 하지 못하고, 그 감정을 조용히 놓아두는 날도 있다.

누군가가 그립다고 느끼는 순간, 그것은 내 마음이 여전히 살아 움직이고 있다는 증거다. 사람은 마음이 머무는 곳으로 다시 돌아가고 싶어하며, 따뜻했던 기억 속에서 오늘을 견뎌낼 힘을 얻는다. 그리움은 어쩌면 지금 이 시간을 버티게 해주는 보이지 않는 온기일지도 모른다.

이럴 땐 이렇게 말해보세요

- "요즘 그 사람이 자주 생각나."
- "그때 그 웃음이 그리워요."
- "문득 보고 싶다는 마음이 가득했어요."

77. 익숙함
편안한 반복이 주는 안정감

→ 반복되는 하루 속에서도 마음이 흔들리지 않는 이유

'익숙함'이라는 말에는 따뜻한 안정감이 스며 있다. 매일 같은 시간에 마시는 커피, 창문 너머로 들어오는 햇살의 각도, 퇴근 후 걷는 집 앞 골목길, 아무 말 없이 건네는 친구의 인사처럼 특별하진 않지만 사라지면 허전한 반복이 있다. 우리는 이러한 익숙함 속에서 하루를 정리하고 내일을 예측하며 마음의 균형을 맞춘다. 때때로 매일 반복되는 일상이 지루하게 느껴질 수 있지만, 바로 그 익숙함이야말로 우리의 삶을 지탱해 주는 든든한 기둥이 되어주곤 한다.

변화는 삶을 성장시키지만, 익숙함은 삶을 지켜낸다. 늘 보아오던 풍경, 자주 듣던 목소리, 반복되는 루틴 속에서 우리는 스스로를 다독이고 확인한다. 특히 불안하거나 마음이 복잡할 때, 익숙한 것들은 더 큰 위안이 된다. 그것들은 우리를 판단하지 않고, 비교하지 않으며, 그저 있는 그대로 받아준다. 익숙함은 말없이 곁을 지켜주며, 우리가 다시 긴장을 풀고 '지금 여기'를 살아갈 수 있게 한다.

익숙한 것들의 가치는 너무 가까이 있어 자주 눈치채지 못한 채 지나치기 쉽다. 그러나 하루라도 그 익숙한 무언가가 사라진다면, 우리는 금세 그 빈자리를 느끼게 된다. 평범하던 것이 특별해지는 순간은 대부분 그런 사소함의 부재에서 비롯된다. 결국 익숙함을 대하는 태도는 내가 일상을 얼마나 소중히 여기는지를 보여주는 지표가 된다. 익숙한 모든 것에는 오래된 기억이 담겨 있고, '익숙하다'는 감정은 곧 삶이 안정되고 있다는 신호이기도 하다.

오늘도 같은 자리에 놓인 물건, 익숙한 말투, 반복되는 하루가 나를 다시 일으켜 세운다면, 그것은 단지 익숙한 것이 아니라, 삶이 우리에게 건네는 가장 부드러운 위로일지도 모른다.

이럴 땐 이렇게 말해보세요

- "이 시간, 이 자리가 왠지 편안해요."
- "늘 보던 그 모습이 있어서 마음이 놓였어요."
- "별일 없던 오늘이 오히려 다행이에요."

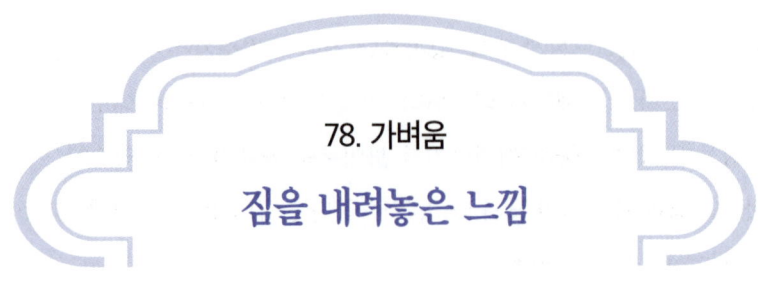

78. 가벼움

짐을 내려놓은 느낌

→ 마음의 짐을 내려놓고 나니 세상이 조금 더 가볍게 느껴진다

　마음이 가볍다는 느낌은 생각보다 오랜만에 찾아오는 감정이다. 우리는 살아가며 많은 것을 안고 산다. 책임, 기대, 후회, 해야 할 일들, 하지 못한 일들, 그리고 말하지 못한 마음까지. 하루의 무게가 조용히 어깨 위에 올라앉아 있는 채로, 때로는 그 무게조차 인식하지 못한 채 계속 걸어간다. 그러다 어느 순간, 어딘가에서 잠시 숨을 돌리게 될 때 비로소 깨닫게 된다. 아, 내가 이렇게 무거웠구나. 그리고 동시에, 지금은 조금 가벼워졌구나 하고.
　가벼움은 단지 일이 줄어들었다는 상태를 의미하지 않는다. 마음이 정리되고, 어떤 감정을 놓아주었을 때 오는 편안한 여유를 말한다. 누군가에게 속마음을 털어놓은 뒤, 오래 미뤄둔 일을 마무리했을 때, 혹은 끝나지 않던 고민을 내려놓고 나 자신에게 솔직한 선택을 했을 때, 마음은 조금씩 가벼워진다. 그것은 반드시 무엇인가를 성취해서가 아니라, 더 이상 스스로를 억누르지 않아도 된다는 자각이 우리를 놓아주는 것이다.

가벼움은 스스로를 조금 더 믿어도 괜찮다는 확신에서 비롯되기도 한다. 과거에 머물지 않고, 미래를 앞서 걱정하지 않으며, 지금 이 순간에 나를 충분히 머물게 하는 것. 그렇게 마음의 짐을 조금 덜어낼 수 있다면, 삶은 그만큼 덜 버겁게 느껴진다. 그것이 바로 가벼움이 주는 자유이며, 아무것도 하지 않아도 괜찮다고 내가 나에게 허락하는 순간의 평화다.

가벼움은 억지로 애쓴다고 찾아오는 감정은 아니다. 하지만 짐을 내려놓아도 괜찮다고 스스로에게 말해주는 순간부터 시작될 수 있다. 무언가를 내려놓는 용기, 그리고 비워진 자리에서 나를 다정하게 바라보는 마음. 바로 그 작은 움직임이 우리에게 진짜 여유를 가져다준다.

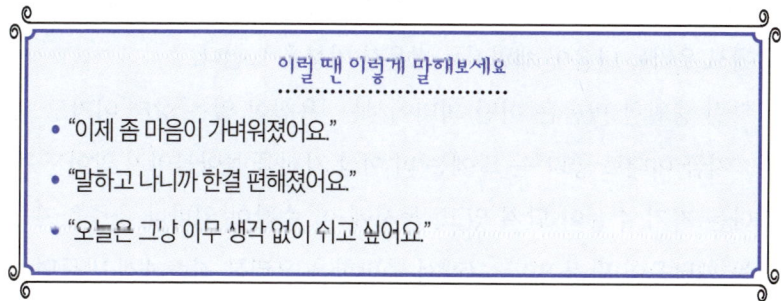

이럴 땐 이렇게 말해보세요
- "이제 좀 마음이 가벼워졌어요."
- "말하고 나니까 한결 편해졌어요."
- "오늘은 그냥 아무 생각 없이 쉬고 싶어요."

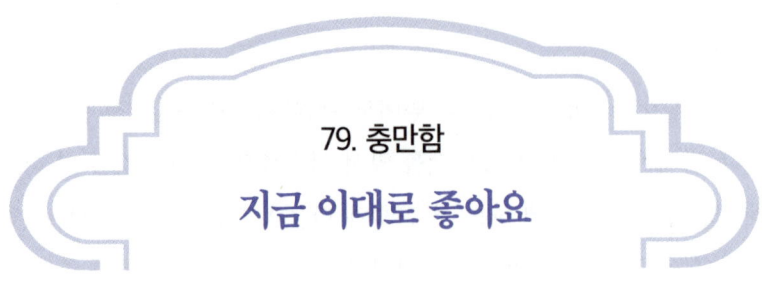

79. 충만함
지금 이대로 좋아요

→ 무언가 더 채우지 않아도 괜찮은, 가득한 오늘의 마음

무언가를 더 갖고 싶다는 욕심 없이, 지금 이대로 충분하다고 느껴질 때가 있다. 바람이 기분 좋게 불고, 창밖의 나뭇잎이 평화롭게 흔들리며, 곁에 있는 사람이 말없이 함께 있어주는 순간. 특별한 일이 일어난 것도 아닌데, 이상하게 마음이 채워지는 느낌. '충만함'은 그렇게 조용히, 그러나 분명히 우리 안에 스며든다.

충만한 순간에는 과거도 미래도 잠시 잊힌다. 지금 이 순간이 모든 것을 설명해주는 듯하고, 더 바랄 게 없다는 마음이 마음 깊은 곳에서 천천히 퍼져나간다. 흔히 충만함은 큰 성공이나 특별한 사건에서 오는 감정이라고 생각하기 쉽지만, 사실은 아주 작은 것들에서도 시작된다. 따뜻한 차 한 잔, 좋아하는 음악 한 곡, 걱정 없이 웃을 수 있는 대화. 바로 그 속에서 우리는 마음이 채워지는 평온한 기분을 느낀다.

그런 충만한 마음은 어떤 의미에서는 '욕심이 없는 상태'이기도 하다. "지금 이대로 좋다"는 말에는 더 이상 자신을 몰아붙이지 않아도 괜찮다는 자기 수용이 담겨 있고, 동시에 이 순간이 얼마나 소중한지를 아는 깨달음이 담겨 있다. 그래서 충만함은 우리를 겸손하게 만들면서도 단단하게 만든다. "비워야 채울 수 있다"는 말처럼, 무언가를 내려놓았을 때, 혹은 멈추어 그 자리에 머물렀을 때 오히려 더 깊이 채워지는 감정이 있다.

충만한 마음은 자주 찾아오지는 않기에 더 귀하고, 그 순간이 잠시 스쳐가더라도 우리가 그것을 알아차릴 수 있다면 그걸로 충분하다. "지금 이대로 좋다"는 고백은 삶의 어느 지점에서든 우리를 조용히 지탱해주는 힘이 되어줄 것이다.

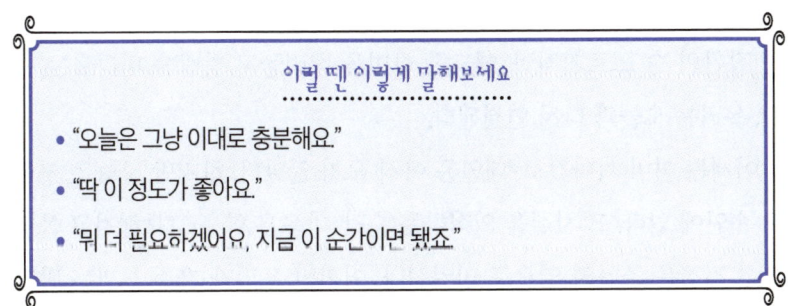

이럴 땐 이렇게 말해보세요

- "오늘은 그냥 이대로 충분해요."
- "딱 이 정도가 좋아요."
- "뭐 더 필요하겠어요, 지금 이 순간이면 됐죠."

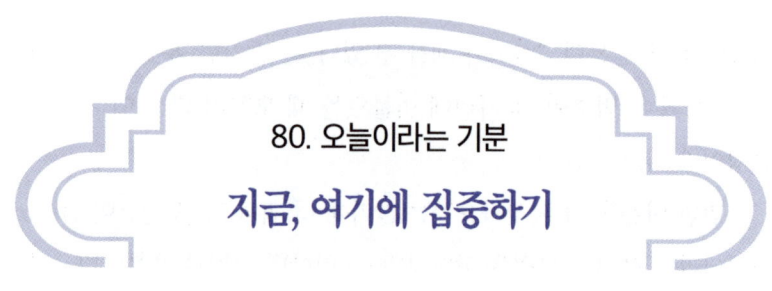

80. 오늘이라는 기분
지금, 여기에 집중하기

→ 아직 오지 않은 내일도, 지나간 어제도 아닌 지금 여기에 머무는 마음

마음이 자꾸 어제에 머물고, 내일을 걱정할 때가 있다. 지나간 일을 곱씹느라 괜히 기운이 빠지기도 하고, 아직 오지 않은 미래를 상상하느라 불안에 잠기기도 한다. 그렇게 시간의 사이를 떠돌다 보면, 문득 '오늘'을 놓치고 있다는 생각이 든다. 지금 숨 쉬고 있는 이 순간, 따뜻한 햇살이 머물다 간 이 공간, 눈앞의 사람과 나누는 대화를 나는 과연 제대로 느끼고 있는 걸까.

'오늘이라는 기분'은 생각보다 조용하고 소박하다. 특별한 사건이 없어도, 눈에 띄는 성과가 없어도, 그저 지금 이 자리에 있다는 사실만으로도 마음을 채워주는 힘이 있다. 오늘을 살아간다는 건 결국 '지금 여기'에 마음을 두고, 스스로를 놓치지 않는다는 뜻일지도 모른다. 바쁜 하루 중 잠깐의 숨 고르기처럼, 핸드폰 화면을 내려놓고 창밖을 바라보는 순간, 우리는 오늘과 다시 연결된다.

어제는 이미 지나갔고, 내일은 아직 오지 않았다. 하지만 오늘은 지금 이 손안에 있다. 그 사실을 의식하는 순간, 마음은 한층 고요해지고 불필요한 걱정은 조용히 옆으로 비켜선다. 어쩌면 우리가 자주 느끼는 막막함이나 피로는 너무 멀리 앞서가거나, 너무 깊게 뒤돌아보는 데서 비롯되는 것일지도 모른다. 그러니 오늘의 기분을 자주 떠올려보자. 지금 여기에 집중하는 것만으로도 마음은 자연스럽게 안정되고, 그 안에서 작지만 분명한 기쁨이 자라난다.

삶은 결국 오늘의 연속이고, 오늘이 모여 인생이 된다. 오늘을 온전히 느낀 사람은 내일도 다정하게 맞이할 수 있다. 그 시작은 아주 단순한 한마디로 충분하다.

"지금, 여기에 있어요."

이럴 땐 이렇게 말해보세요

- "지금 이 순간에 집중하고 싶어요."
- "오늘 하루, 나에게 충실하고 싶어요."
- "어제도 내일도 말고, 그냥 지금에 머물고 싶어요."

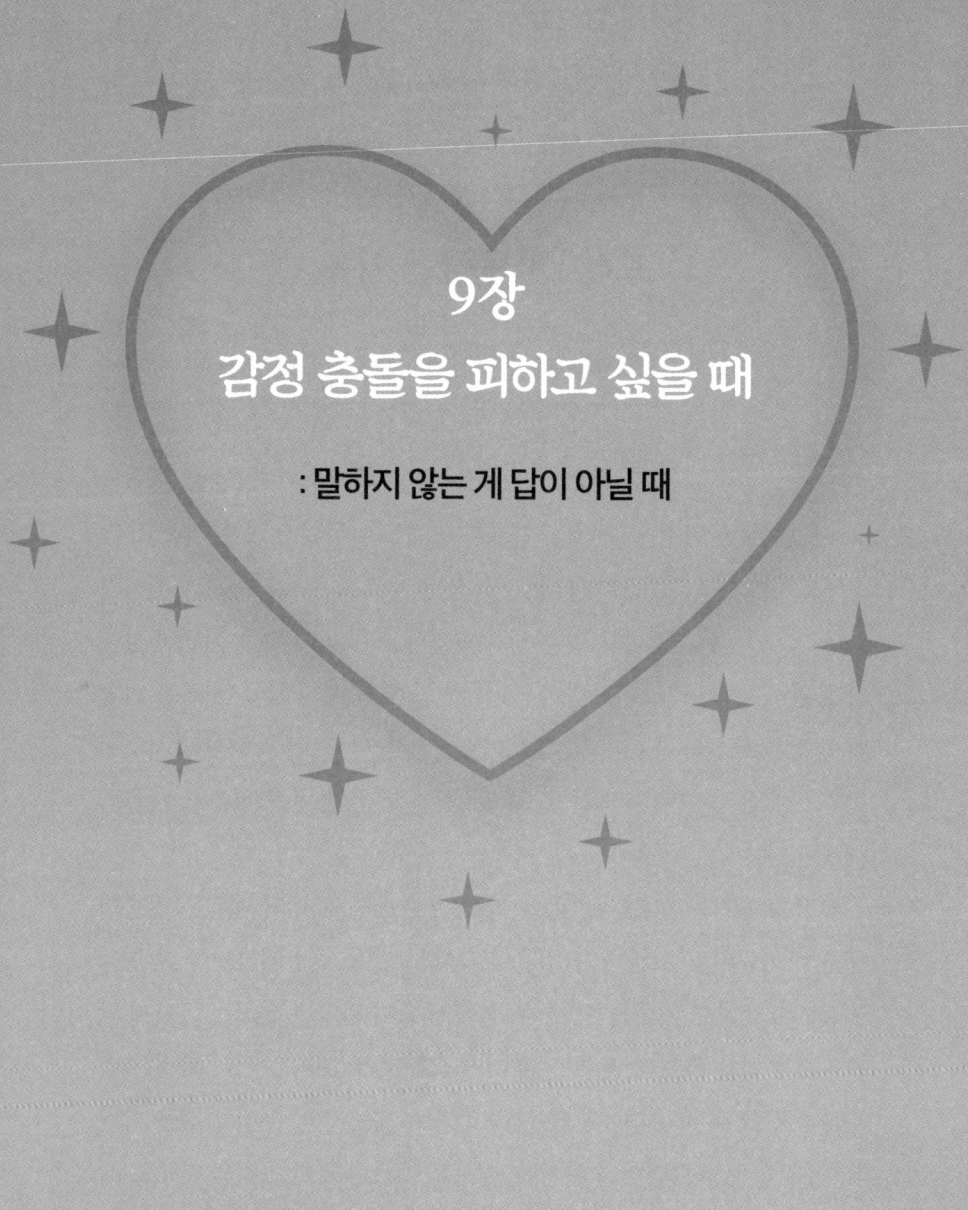

9장
감정 충돌을 피하고 싶을 때

: 말하지 않는 게 답이 아닐 때

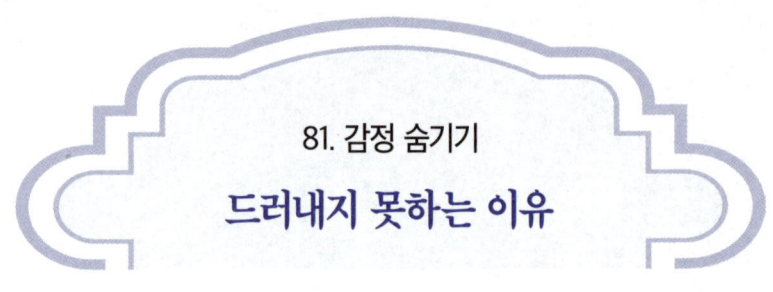

81. 감정 숨기기
드러내지 못하는 이유

→ 표현하지 못한 마음은, 조용히 안쪽에서 웅크리고 있었다

우리는 종종 감정을 숨긴다. 기분이 상해도 아무렇지 않은 척하고, 속상해도 웃으며 넘기고, 화가 나도 꾹 참는다. 그것은 솔직하지 못해서가 아니라, 오히려 너무 많은 것을 생각하기 때문이다. 이 말을 꺼내면 상대가 불편하지 않을까, 이 표정이 드러나면 오해를 사지 않을까, 혹은 지금 이 감정을 표현하면 내가 약해 보이지는 않을까. 그런 걱정이 앞서면서 진짜 마음은 속에서만 맴돌고, 겉으로는 평온한 얼굴로 하루를 마무리하게 된다.

감정을 숨기는 일은 어쩌면 우리가 아주 어릴 때부터 배워온 일종의 생존 방식일지도 모른다. 감정을 드러내는 것을 민망해하거나, 감정을 조절하지 못하면 미성숙하다는 시선을 받으며 자라온 우리는 어느새 감정을 표현하는 것보다 감추는 데 더 익숙해져 버렸다. 그러나 감정은 억누를수록 그 무게가 더해진다. 그리고 그 무게는 결국 우리 자신을 향한다. 이유 없는 피로감이나 무기력, 때로는 예상치 못한 순간의 분노로 표출되기도 한다.

중요한 것은 모든 감정을 반드시 말로 표현해야 한다는 뜻이 아니다.

다만, 나 자신마저도 내 감정을 외면하거나 부정하지는 않도록, 내 마음만큼은 내가 알아주는 태도가 필요하다. 감정을 숨기는 데 익숙한 사람일수록 더 자주 스스로에게 물어야 한다.

"지금, 나는 어떤 기분일까?"

"나는 나에게 솔직한가?"

그 질문만으로도 가라앉아 있던 감정이 조용히 표면 위로 떠오를 수 있다.

감정을 드러내지 못한 날이 있었다면, 오늘 하루만큼은 굳이 그 감정을 억지로 포장하지 않아도 괜찮다고 자신에게 말해보자. 표현하지 못한 감정까지도 내 마음의 일부로 받아들이는 것. 그것이 감정을 건강하게 대하는 첫걸음일지도 모른다.

이럴 때 이렇게 말해보세요

- "지금 내 기분을 잘 모르겠어요. 그냥 좀 답답해요."
- "사실은 괜찮지 않은데, 말하기가 어렵네요."
- "말하지 않았다고 해서 아무렇지 않은 건 아니에요."

82. 착한 사람 콤플렉스
늘 괜찮다고 말하는 사람

→ 괜찮다 말하는 그 입술 뒤로, 얼마나 많은 감정이 고여 있었을까

 늘 괜찮다고 말하는 사람이 있다. 아무리 힘든 상황에서도 "괜찮아요", "전 정말 괜찮아요"라는 말을 반복하며 미소 짓는 사람. 그 마음속 깊은 곳에는 어떤 말들이 미처 나오지 못한 채 쌓여 있을지도 모른다. 착한 사람이라는 말은 처음엔 칭찬처럼 들리지만, 어느 순간부터는 쉽게 벗어날 수 없는 굴레가 되기도 한다. 누군가의 기대에 부응하려고, 분위기를 망치지 않으려고, 상처 주고 싶지 않아서 계속 참다 보면, 결국 가장 놓치게 되는 것은 자기 자신의 감정이다.
 '착한 사람 콤플렉스'는 타인을 먼저 생각하는 배려에서 비롯된다. 하지만 그 배려가 반복되다 보면 자신을 지워버리는 습관이 되기도 한다. 마음에 들지 않아도 웃고, 불편해도 고개를 끄덕이며, 하고 싶은 말이 있어도 삼키는 일은 점점 감정을 왜곡시키고 자존감을 갉아먹는다. 누구나 좋은 사람이고 싶고, 사랑받고 싶지만, 계속해서 자신의 마음을 희생하면서까지 착한 사람으로 남으려는 길은 오래갈 수 없다. 언젠가는 억눌린 감정이 터지고, 관계도 삐걱거리기 시작한다.
 착한 사람이라는 이미지를 지키는 데 익숙해진 사람일수록, 자신의

감정을 말로 표현하는 연습이 필요하다. 거절해야 할 때는 거절하고, 힘든 것은 힘들다고 솔직하게 말하는 것. 그리고 그것이 결코 나쁜 사람이 되는 것이 아님을 받아들이는 일이 중요하다. 우리가 진심으로 괜찮아지기 위해서는, 먼저 괜찮지 않은 순간들을 있는 그대로 말할 수 있어야 한다.

무너진 뒤에야 마음을 드러내는 착한 사람보다는, 지금 이 순간 조금 더 솔직한 사람이 더 건강하다. 착함이라는 이름 아래 억눌리는 관계보다, 진심으로 연결되는 관계가 결국 오래도록 남는다.

이럴 땐 이렇게 말해보세요

- "지금은 조금 힘들어요. 나중에 이야기해도 될까요?"
- "사실은 괜찮지 않지만, 어떻게 말해야 할지 몰랐어요."
- "항상 웃고 있다고 해서, 늘 괜찮은 건 아니에요."

83. 피하고 싶은 대화
꺼내기 어려운 이야기

→ 입술까지 올라왔다가 다시 삼켜지는 말들, 아직 준비되지 않은 마음

말을 꺼내야 한다는 걸 알면서도 자꾸 입을 다물게 되는 순간이 있다. 이야기를 시작하면 상대가 상처받을 것 같고, 관계가 어색해질 것 같고, 무엇보다 내가 그 말을 제대로 해낼 수 있을지조차 자신이 없다. 그래서 말 대신 미루고, 웃고, 회피한다. 시간이 지나면 괜찮아질 거라 생각하지만, 마음에 남은 찜찜함은 좀처럼 가라앉지 않는다. 말하지 않았다고 해서 감정이 사라지는 것도 아니고, 모른 척했다고 해서 상황이 나아지는 것도 아니다.

우리가 피하고 싶은 대화는 대부분 중요한 이야기다. 예민한 주제이거나 감정을 깊이 건드리는 이야기이기에 더 조심스럽고, 더 어렵게 느껴진다. 그러나 피한 대화는 결국 돌고 돌아 다시 우리 앞에 놓이게 된다. 감정을 말로 풀지 않으면 오해가 쌓이고, 서운함이 깊어지며, 결국 작은 틈이 큰 거리로 번지게 된다. 관계를 지키고 싶다면, 꺼내기 어려운 말일수록 언젠가는 반드시 해야 한다. 다만, 그 방식이 중요하다.

말을 꺼내기 전에 먼저 내 감정을 다독이고, 그 감정이 어디에서 비롯되었는지를 스스로에게 솔직하게 묻는 일이 필요하다. 그리고 상대

를 탓하거나 몰아붙이기보다는, "나는 이런 마음이었다"는 식으로 표현해 보는 것이 좋다. 진심이 담긴 말은 시간이 걸리더라도 결국 통한다. 꺼내기 어려운 대화를 시작하는 용기는, 관계를 진짜로 회복시키는 힘이 된다.

말하지 않는 편이 당장은 편할지 모르지만, 진짜 편안함은 말한 뒤에 온다. 오늘 할 수 있다면, 아주 조심스럽게, 아주 솔직하게, 한마디부터 시작해도 괜찮다. 그 시작이 어색하고 서툴러도 괜찮다. 중요한 건, 마음을 닫지 않고 용기를 낸 그 마음이다.

이럴 땐 이렇게 말해보세요

- "이야기하기 어려운 주제인데, 그래도 말하고 싶어요."
- "조심스럽지만, 내 입장에서 느낀 걸 전하고 싶어요."
- "이야기 꺼내는 게 쉽진 않지만, 우리 관계를 위해 꼭 필요하다고 생각했어요."

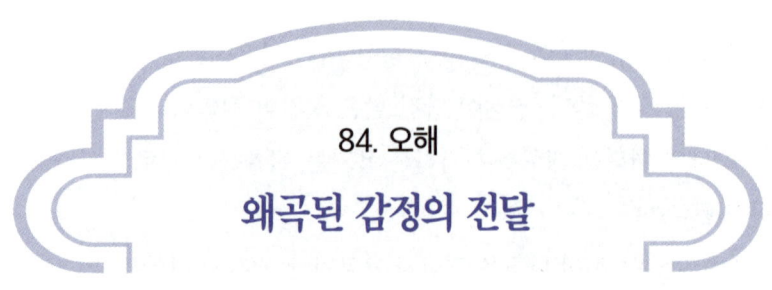

84. 오해
왜곡된 감정의 전달

→ 내 의도는 그게 아니었는데, 말이 도착한 곳은 전혀 다른 곳이었다

    분명 진심을 담았는데도, 상대가 전혀 다르게 받아들이는 순간이 있다. 한 마디 건넸을 뿐인데 의도와는 다른 방향으로 흘러가고, 때로는 상처로 되돌아온다. 그런 상황에서는 억울함과 당황스러움이 뒤섞여 마음이 복잡해진다. 나는 그런 뜻이 아니었는데, 왜곡된 감정이 상대에게 닿고, 내 감정은 제대로 설명되지 못한 채 어딘가에서 멈춰버린 듯한 기분. 오해는 언제나 말보다 빠르게 퍼지고, 진심은 그 뒤를 느리게 따라간다.

    감정은 전달되는 과정에서 얼마든지 왜곡될 수 있다. 말투, 표정, 타이밍, 듣는 이의 감정 상태와 해석 방식 등, 수많은 요소가 감정의 모양을 바꾸어 놓는다. 그래서 우리는 감정을 표현할 때 더욱 신중해야 하며, 동시에 상대의 말을 받아들일 때도 열린 자세가 필요하다. 누군가의 말이 불편하게 들렸다면, 그 말의 표면이 아닌 마음의 뿌리를 보려는 노력이 중요하다. 그리고 내 감정이 오해받았다고 느껴질 때에는, 설명하고 풀어가려는 용기를 내야 한다.

    오해는 쉽게 관계의 틈을 만든다. 사소한 말 한마디로도 마음이 멀어질 수 있기에, 오해는 반드시 풀어야 할 감정이다. 말하지 않으면 상황은 더욱 꼬이기 쉽고, 시간이 지난다고 해서 저절로 사라지는 것도 아니다. 내 의도를 솔직히 말할 기회를 만들고, 오해를 인정하는 태도, 그리고 상대의 해석을 존중하려는 마음가짐이 필요하다. 감정은 단 한 번의 정확한 표현보다, 진심을 담은 반복된 표현을 통해 오해를 넘어설 수 있다.

때론 오해받는 일이 억울할 수 있지만, 그럼에도 불구하고 다시 한 번 진심을 꺼내놓는 사람이 관계를 이어간다. 그것이 말의 힘이며, 감정을 말할 줄 아는 사람이 가진 진짜 용기다.

이럴 때 이렇게 말해보세요

- "내가 하고 싶었던 말은 그런 뜻이 아니었어요."
- "혹시 내가 말한 게 다르게 들렸다면 미안해요. 설명해볼게요."
- "서로 오해가 있었던 것 같아요. 내 진심을 다시 말해보고 싶어요."

85. 갑작스런 감정 폭발
왜 그리도 터졌을까

→ 사소한 말 한마디가 마지막 방울이 되어, 오래 눌러온 감정을 터뜨렸다

어느 날, 예상치 못한 순간에 말이 터져 나오고 감정이 폭발할 때가 있다. 그 자리에 있던 사람도 놀라고, 무엇보다 스스로가 더 놀란다. 방금 전까지만 해도 아무렇지 않았는데, 왜 그렇게 울컥했는지, 왜 그 말 한마디에 갑자기 눈물이 났는지, 당장 설명할 수 없어 더욱 당황스럽다. 하지만 그 감정은 결코 '갑작스레' 생겨난 것이 아니다. 오랫동안 눌러온 마음들이 켜켜이 쌓이다가, 아주 사소한 자극에 결국 넘쳐 흘러버린 것이다.

감정은 물과 같아서, 그저 담아두기만 해서는 견디기 어렵다. 작은 불편을 애써 무시하고, 하고 싶은 말을 삼키며, 이해하고 넘어간 일들이 반복되다 보면, 어느 순간 임계점을 넘게 된다. 감정 폭발은 단순한 실수가 아니라, 오랫동안 자신의 마음을 돌보지 못한 결과다. 그렇기에 우리는 폭발한 감정 자체보다는, 그동안 외면해온 감정의 경로를 먼저 들여다봐야 한다. 무엇을 참았는지, 왜 말하지 못했는지, 어떤 상황에서 자꾸 자신을 억눌렀는지 솔직하게 돌아볼 필요가 있다.

누군가가 울컥할 때, 그 감정을 성급히 판단하거나 수습하려 들기보

다 "그동안 힘들었겠구나"라고 알아봐 주는 한마디가 먼저다. 그것은 스스로에게도 마찬가지다. 감정이 터졌다고 자책하기보다는, 마침내 마음이 신호를 보냈구나 하고 받아들일 수 있어야 한다. 감정 폭발은 내 마음이 더는 견딜 수 없다는 신호이자, 이제는 그 감정을 말로 표현해야 할 시점이라는 안내다.

그 감정을 다시 미루지 말고, 조용히 마주하여 이름 붙여보는 연습이 필요하다. 그 과정을 지나야 마음은 다시 단단해지고, 감정은 말이 되어 부드럽게 흘러갈 수 있다.

이럴 때 이렇게 말해보세요

- "내가 너무 참았던 것 같아요. 그래서 오늘 이렇게 터진 거예요."
- "방금 감정이 너무 격해졌죠? 나도 왜 그런지 돌아보고 있어요."
- "그동안 말 못 한 게 많았어요. 이제는 조금씩 얘기해보고 싶어요."

86. 말 실수
의도와 다른 전달

→ 뜻밖의 말 한마디가 마음을 다치게 할 줄은, 그때는 몰랐다

좋은 뜻으로 한 말이 오히려 상대를 아프게 만들었을 때, 우리는 그 말을 오래도록 곱씹으며 마음속에서 스스로를 책망하게 된다. 그때 왜 그렇게 말했는지, 왜 조금만 더 조심하지 못했는지, 수없이 되돌아보며 미안함과 당황스러움이 교차한다. 내 의도는 결코 그런 것이 아니었지만, 말은 한 번 흘러나오면 되돌릴 수 없고, 그 말이 상대의 마음에 어떤 파문을 남겼는지 알 수 없어 더욱 조심스러워진다.

말 실수는 누구에게나 일어난다. 순간의 감정, 어색한 분위기, 생각보다 앞서 나간 말의 속도 등이 겹치면 의도하지 않은 말이 튀어나오기도 한다. 그러나 실수 자체가 문제라기보다는, 그 말을 한 뒤의 태도가 관계의 향방을 결정짓는다. 내가 놓친 마음을 인정하고, 잘못 전해졌음을 솔직하게 설명할 수 있다면, 관계는 다시 회복될 수 있다. 오히려 그런 진심 어린 사과가 관계를 더 단단하게 만들기도 한다.

때로는 말을 줄이는 것이 지혜처럼 여겨질 때도 있지만, 말이 적을수록 오해는 커지고, 표현이 부족할수록 의도는 왜곡되기 쉽다. 그렇기에 말 실수를 줄이기 위해서는 표현력을 키우는 것만큼이나, 마음을 살피는 연습이 중요하다. 말은 마음을 담는 그릇이다. 그 그릇이 기울면 진심도 함께 흐려지기 마련이다. 실수한 순간에 오래 머무르기보다는, 그 실수를 배움으로 삼아 다음에는 더 온전한 표현을 할 수 있도록 마음을 다듬는 자세가 필요하다.

누군가의 말이 상처로 남았을 때, 우리는 그 사람의 말보다 마음을 보고 싶어 한다. 나 또한 그런 사람이 되고 싶다. 실수는 하더라도 진심을 회복할 줄 아는 사람. 말보다 마음을 먼저 챙길 줄 아는 사람 말이다.

이럴 땐 이렇게 말해보세요

- "방금 말이 너무 거칠게 들렸을 수도 있어요. 그런 의도는 아니었어요."
- "내가 한 말이 불편했다면 정말 미안해요. 다시 내 진심을 전하고 싶어요."
- "조심한다고 했는데 실수했네요. 괜찮다면 내 마음을 다시 전해도 될까요?"

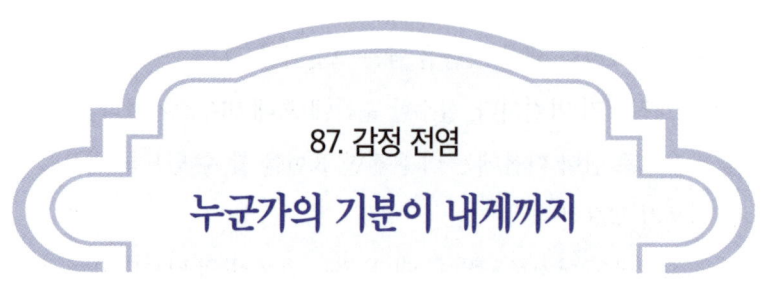

87. 감정 전염
누군가의 기분이 내게까지

→ 그 사람의 기분은 바람처럼 퍼져, 나의 하루까지 물들였다

같은 공간에 있는 것만으로도 기분이 무거워질 때가 있다. 이유 없이 말수가 줄고, 긴장한 얼굴을 따라 나도 모르게 웃음이 사라진다. 처음에는 나의 감정인 줄 알았지만, 가만히 돌아보면 그것은 옆 사람의 기분이었다. 상대의 짜증과 불안, 침묵이 마치 공기처럼 번져 나에게까지 스며든다. 감정은 그렇게 조용하면서도 강하게 전염된다.

감정 전염은 특별한 능력 때문이 아니다. 우리는 모두 관계 속에서 살아가며, 마음의 안테나는 항상 켜져 있기 때문에 서로의 감정에 민감하게 반응하고 영향을 주고받는다. 그렇기 때문에 더욱 신중해야 하며, 때로는 적당한 거리를 둘 줄도 알아야 한다. 감정을 나누는 것은 따뜻한 일이지만, 감정에 휘말리는 것은 나 자신을 잃는 일이기도 하다. 상대의 기분에 끌려가다 보면 어느새 나의 하루, 나의 감정, 나의 중심이 흐릿해질 수 있다.

지금 내가 느끼는 이 불편함이 정말 내 감정인지, 아니면 누군가의 감정이 옮겨온 것인지 구분할 수 있는 연습이 필요하다. 그리고 필요할 때에는 감정의 선을 분명히 긋고, 나의 감정을 회복할 수 있는 시간을 마련해야 한다. 상대를 이해하는 마음과 나를 지키는 마음은 함께할 수 있다. 중요한 것은 상대의 분위기에 무조건 휩쓸리기보다, '지금 나에게 어떤 감정이 있는지'를 스스로에게 물어보는 습관이다. 그 습관이 우리를 더욱 단단하게 만든다.

감정은 전염되기도 하지만, 선택할 수도 있다. 오늘 하루만큼은 내 기분을 내가 선택하고 싶다. 나를 무겁게 만드는 감정은 흘려보내고, 따뜻한 마음은 조심스럽게 품어보며.

이럴 땐 이렇게 말해보세요

- "오늘 기분이 가라앉은 것 같아요. 혹시 무슨 일 있었나요?"
- "나도 모르게 분위기에 휩쓸린 것 같아요. 잠깐 나를 돌아보고 싶어요."
- "당신이 힘든 거 알아요. 하지만 나도 오늘은 나를 좀 돌보고 싶어요."

88. 참지 말고 표현하기
관계가 더 깊어지는 순간

→ 꺼내놓는 순간, 마음의 거리가 조금 가까워졌다는 걸 느낀다

우리는 종종 좋은 관계를 유지하기 위해 감정을 참고 넘긴다. 서운해도 괜찮은 척, 속상해도 웃는 얼굴로 무마하며, 말하지 않는 배려가 관계를 지켜준다고 믿는다. 그러나 억눌린 감정은 마음속에 쌓이게 되고, 쌓인 감정은 언젠가 관계에 균열을 만든다. 조용히 참는 것이 아니라, 솔직하게 말하는 것이 오히려 관계를 오래 지속시키는 힘이라는 사실을 우리는 종종 잊곤 한다.

감정을 표현하는 일은 단순히 '말을 하는 것'이 아니다. 그것은 나를 드러내는 용기이며, 동시에 상대와의 거리를 좁히려는 진심 어린 시도다. 특히 서운함이나 불편함처럼 꺼내기 어려운 감정을 이야기할 때, 우리는 관계의 깊이를 다시 확인하게 된다. 듣는 사람이 나의 마음을 받아줄 준비가 되어 있다면, 그 순간은 오히려 두 사람 사이를 더욱 단단하게 만든다.

표현하지 않으면 알 수 없다. 그리고 알지 못하면 서로를 오해하게 되고, 결국 마음은 멀어진다. 참는 데 익숙한 사람일수록 감정을 표현하는 연습이 필요하다. 처음에는 어색하고 조심스러울 수 있지만, 감정을 설

명하는 말을 하나씩 익혀 가다 보면 감정은 더 이상 짐이 아니라 다리가 된다. 그 다리를 통해 나의 진심이 전해지고, 상대의 마음도 내게로 건너올 수 있다.

감정을 표현한다고 해서 모든 관계가 좋아지는 것은 아니다. 그러나 표현하지 않으면 좋아질 기회조차 얻지 못한다. 관계는 말 없이 유지되는 것이 아니라, 서로의 마음을 말로 주고받으며 자라는 것이다. 참는 것이 익숙했던 그 순간을 지나, 이제는 조금씩 말로 풀어낼 때다. 그 표현의 순간이야말로, 진짜 관계의 시작이 될지도 모른다.

이럴 땐 이렇게 말해보세요

- "이 말을 꺼내기까지 오래 망설였어요. 그래도 솔직히 말하고 싶었어요."
- "나는 그때 조금 서운했어요. 내 마음을 알아줬으면 해요."
- "이야기하면서 오히려 더 가까워졌으면 좋겠어요."

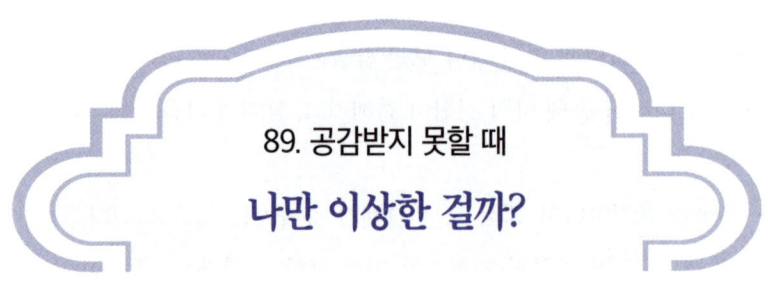

89. 공감받지 못할 때
나만 이상한 걸까?

→ 모두가 고개를 끄덕이지 않아도, 나의 감정은 충분히 진짜였다

무언가 힘들다고 털어놓았을 때, "그 정도는 다 그래"라는 말을 들으면 오히려 마음이 더 쓸쓸해진다. 큰 용기를 내어 꺼낸 이야기였는데, 돌아오는 말이 내 감정을 평평하게 덮어버릴 때면, '말하지 말 걸 그랬다'는 후회가 밀려온다. 상대는 위로하려고 한 말이었겠지만, 듣는 입장에서는 내 마음이 가볍게 취급된 것처럼 느껴지고, 결국 '내가 예민한 걸까?', '나만 이상한 걸까?' 하는 생각에 머물게 된다.

공감을 받지 못했을 때, 우리는 생각보다 쉽게 위축된다. 감정은 설명하지 않아도 알아주길 바라지만, 실제로는 말하지 않으면 전해지지 않고, 말하더라도 상대가 들을 준비가 되어 있지 않다면 오해되기 쉽다. 그런 경험이 반복되면, 우리는 점점 더 조심스러워지고, 다시는 감정을 꺼내지 않게 된다. 하지만 공감은 단지 상대의 반응에서만 비롯되는 것이 아니다. 나 스스로 내 감정을 먼저 인정할 수 있어야, 타인의 반응에도 덜 흔들릴 수 있다.

내 감정이 이상한 것이 아니다. 단지 그것을 받아들일 준비가 되어 있지 않은 사람과 마주쳤을 뿐이다. 감정은 옳고 그름의 문제가 아니라, 존재의 문제다. 내가 그렇게 느꼈다는 사실 그 자체가 중요하며, 그 감정은 충분히 존중받아야 한다. 모든 사람이 내 마음을 완전히 이해해줄 수는 없지만, 적어도 나만큼은 나의 편이 되어줄 수 있다. 공감은 타인이 해줄 수도 있지만, 스스로에게 해주는 공감 역시 분명한 위로가 된다.

어쩌면 우리는 "공감받고 싶다"는 마음 안에 "나를 이해해줘"라는 깊은 외침을 숨기고 있는지도 모른다. 그 외침을 외면하지 말고, 나 자신이 먼저 귀 기울여보자. 그 순간, 세상이 조금은 더 따뜻하게 느껴질지도 모른다.

이럴 때 이렇게 말해보세요

- "그 말을 들으니 내가 괜히 예민한 사람처럼 느껴졌어요."
- "지금은 위로보다, 그냥 내 이야기를 들어주는 게 더 필요했어요."
- "내 감정이 틀린 건 아니라고, 나 스스로 믿어주고 싶어요."

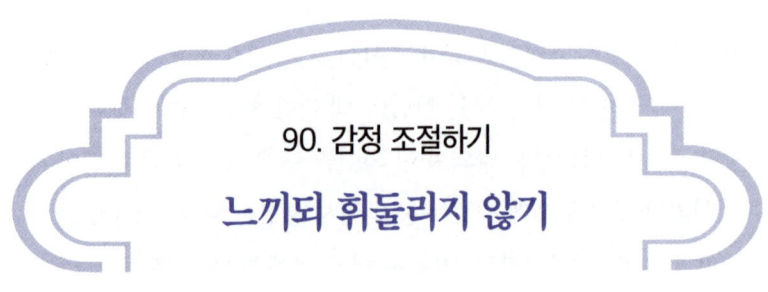

90. 감정 조절하기
느끼되 휘둘리지 않기

→ 감정을 눌러두기보다, 흘러가는 물처럼 바라보는 연습

　감정을 느끼는 것은 지극히 인간다운 일이다. 기쁨도, 분노도, 슬픔도 우리가 살아 있다는 신호처럼 다가오지만, 문제는 그 감정에 휘둘릴 때 벌어진다. 어떤 말에 욱하는 마음이 들었다고 해서 그 감정을 그대로 쏟아낸다면 상처는 커지고, 반대로 감정을 무시하고 억누르기만 해도 언젠가는 더 크게 터져버리게 된다. 감정을 조절한다는 것은 억누르거나 참는 것이 아니라, 감정을 인정하면서도 그 흐름을 다스릴 수 있는 힘을 기르는 일이다.

　감정은 파도처럼 밀려왔다가 자연스럽게 빠져나간다. 우리가 할 일은 그 파도에 휩쓸리지 않고 중심을 지키는 것이다. 예를 들어 누군가의 말에 분노가 치밀어 올랐다면, 그 감정을 즉시 반응으로 옮기기보다, 그 뒤에 숨어 있는 진짜 마음을 먼저 들여다볼 필요가 있다. '화가 난다'는 말 뒤에는 종종 '속상하다'거나 '서운하다'는 감정이 숨어 있다. 그 감정의 본모습을 알아차릴 수 있다면, 우리는 그 감정의 노예가 아니라 주인이 될 수 있다.

　감정 조절은 언제나 차분하게만 살아가자는 의미는 아니다. 오히려 감정을 충분히 느끼되, 그 감정에 따라 행동하기 전에 잠시 숨을 고르고, 나에게 지금 어떤 감정이 있는지, 그것을 어떻게 표현할 것인지 스스로에게 물어보는 여유를 갖는 것이다. 그렇게 할 때 감정은 나를 휘감는 소용돌이가 아니라, 나 자신을 이해하는 중요한 열쇠가 된다.

조절된 감정은 관계를 지키는 방식이자, 나 자신을 지키는 방법이기도 하다. 오늘 하루, 내가 느끼는 감정을 외면하지 않되, 그 감정이 나를 끌고 가지 않도록 내 마음의 손잡이를 내가 쥐고 있어야 한다. 감정은 흘러가지만, 내가 선택한 말과 행동은 그 자리에 오래도록 남는다.

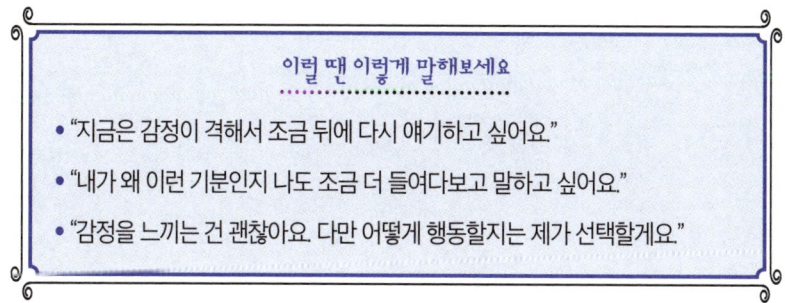

이럴 땐 이렇게 말해보세요

- "지금은 감정이 격해서 조금 뒤에 다시 얘기하고 싶어요."
- "내가 왜 이런 기분인지 나도 조금 더 들여다보고 말하고 싶어요."
- "감정을 느끼는 건 괜찮아요. 다만 어떻게 행동할지는 제가 선택할게요."

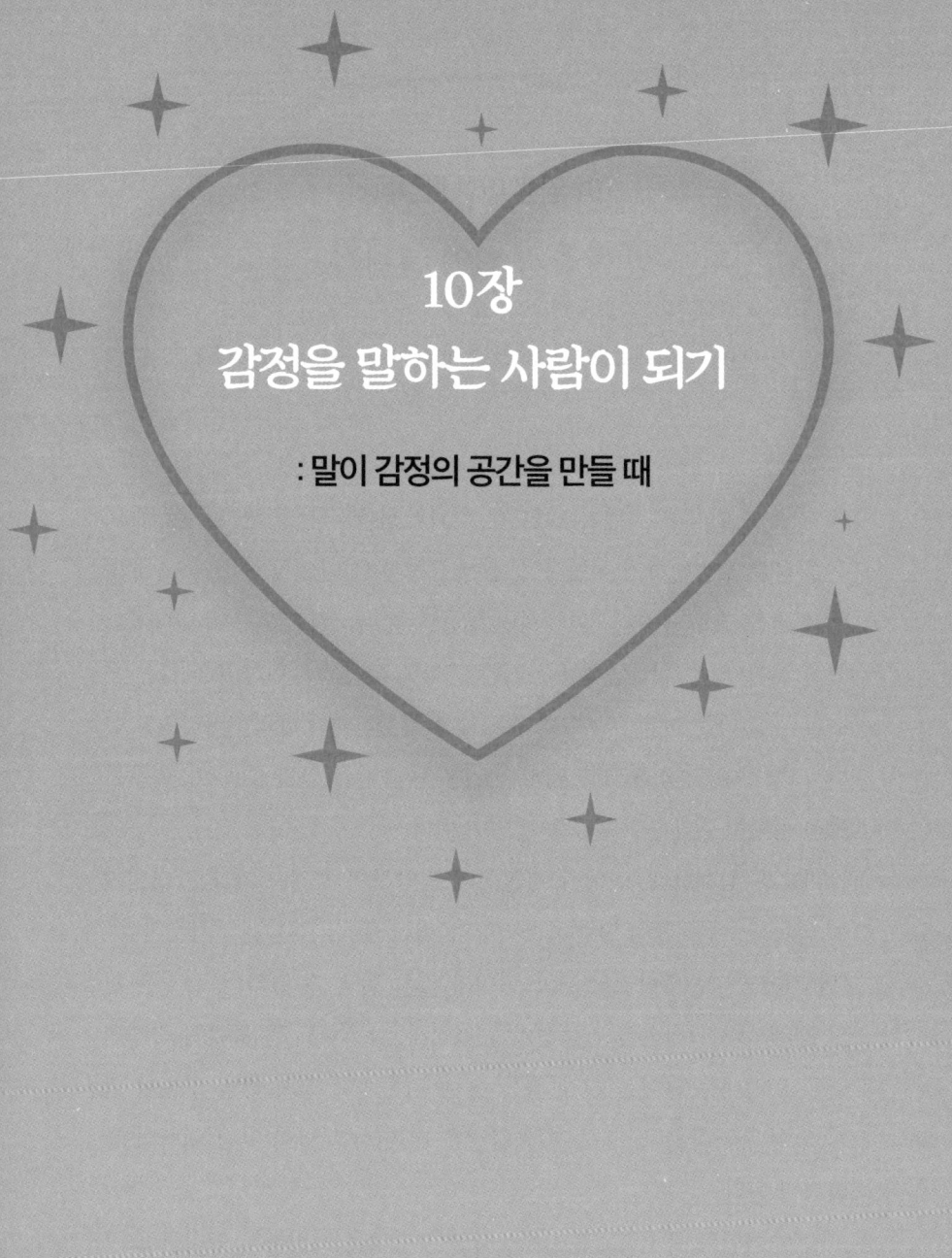

10장
감정을 말하는 사람이 되기

: 말이 감정의 공간을 만들 때

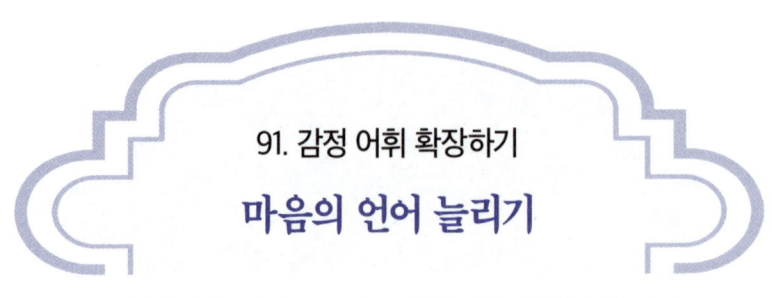

91. 감정 어휘 확장하기
마음의 언어 늘리기

→ 마음을 제대로 들여다보려면, 그 마음을 부를 단어부터 필요하다

"기분이 이상해", "뭔가 답답해", "그냥 싫어"라는 말만으로는 내 마음을 충분히 설명하기 어렵다. 분명한 감정이 내 안에 있는데도, 그에 꼭 맞는 말을 찾지 못해 입 안에서만 맴돌다 끝나버린 경험은 누구에게나 있을 것이다. 우리는 생각보다 적은 단어로 감정을 표현하며, 때로는 표현할 수 없다는 이유만으로 감정 자체를 무시하거나 왜곡해버리기도 한다. 그렇기에 감정 어휘를 넓히는 일은 단순한 말 공부를 넘어, 마음을 보다 정확히 이해하고 돌보는 방법이 된다.

마음은 섬세한데, 언어가 거칠거나 빈약하면 감정은 제대로 다뤄지지 않는다. 예를 들어 단순히 "화가 나"라고 말하기보다는, "서운하다", "답답하다", "존중받지 못한 느낌이다"라고 말할 수 있다면, 감정은 보다 정제되어 이해받을 가능성이 높아진다. 나조차도 잘 몰랐던 감정의 결을 드러내는 단어를 알게 되는 순간, 마음속에 잠겨 있던 것들이 말이 되어 흘러나오고, 그로 인해 감정은 더 이상 부담이 아닌 대화의 출발점이 된다.

감정 어휘가 풍부하다는 것은, 다양한 감정을 세밀하게 인식하고 구분할 수 있다는 뜻이며, 곧 자신과 타인을 이해하는 폭도 그만큼 넓어진다는 의미다. 누군가의 기분을 단순히 "좋다, 나쁘다"로 나누지 않고, "민감해져 있다", "지쳐 보인다", "설레는 중이다"와 같이 구체적인 언어로 표현할 수 있다면, 우리는 훨씬 더 부드럽고 따뜻하게 관계를 이어갈 수 있다. 감정 어휘는 상대에게 건네는 배려이자, 내면을 돌보는 섬세한 손길이다.

지금 내 기분을 표현할 단어가 딱 떠오르지 않는다면, 그것부터 하나씩 찾아보면 된다. 단어 하나가 마음 하나를 밝혀주는 등불이 될 수도 있다.

이럴 땐 이렇게 말해보세요

- "지금 기분이 좀 묘해요. 약간 허전하면서도 서운하고, 나도 정확히 모르겠어요."
- "그 말이 나를 조금 당황하게 만들었어요. 얘기해도 될까요?"
- "화난 건 아닌데, 마음이 뒤엉켜 있는 느낌이에요."

92. 관찰하기
감정이 올라오는 순간 포착

→ 감정은 소리 없이 올라온다, 그 미세한 떨림을 알아차릴 수 있다면

    감정은 예고 없이 찾아온다. 어떤 말, 어떤 표정, 어떤 분위기 하나에 마음이 일렁이고, 말로 설명할 새도 없이 감정은 이미 우리를 휘감는다. 그렇기에 감정을 표현하거나 조절하기 위해 가장 먼저 필요한 것은, 그 감정이 올라오는 순간을 알아차리는 감정 '관찰'이다. 관찰이란 통제도, 억제도 아니다. 있는 그대로의 감정을 재빠르게 인식하고, 그것이 어떤 모양으로 내 안에서 움직이는지를 바라보는 태도다. 말하자면 '마음의 목격자'가 되어보는 일이다.
    감정이 올라오는 순간을 포착할 수 있으면, 반응을 선택할 기회도 생긴다. 예를 들어 누군가의 말에 갑자기 속이 울컥할 때, 그 울컥함이 올라오는 그 찰나를 인식할 수 있다면, 우리는 본능적인 말이나 행동 대신 "왜 이런 감정이 들었지?" 하고 자신에게 물어볼 수 있다. 감정을 관찰하는 순간, 우리는 그 감정에 잠식되지 않는다. 관찰자는 언제나 한 걸음 떨어져 있기 때문이다.
    감정을 관찰하는 데는 연습이 필요하다. 처음에는 "나 지금 화가 난 것 같아", "가슴이 답답해", "속이 좀 조마조마해"처럼 느껴지는 감정을

짧은 문장으로 떠올리는 것부터 시작해보자. 가능하다면 그 감정이 몸 어디에서 느껴지는지도 함께 떠올려보면 좋다. 머리가 복잡한 건지, 가슴이 조이는 건지, 손끝이 떨리는 건지. 몸의 반응은 마음의 진동을 가장 먼저 드러내는 창이 된다.

감정을 억누르지도, 흘려보내지도 말고, 그저 "지금 이 감정이 있구나" 하고 가만히 바라보는 순간. 그때 우리는 더 이상 감정의 포로가 아닌, 감정과 함께 숨 쉬는 존재가 된다.

이럴 땐 이렇게 말해보세요

- "지금 나한테 어떤 감정이 올라오는 것 같아요. 조금만 생각해보고 말할게요."
- "마음이 갑자기 요동치는 걸 느껴요. 잠시 지켜보고 싶어요."
- "이 기분이 어디서 왔는지 가만히 들여다보는 중이에요."

93. 기록하기
감정을 글로 옮기는 힘

→ 마음속을 흘러가는 감정들을 글로 붙잡아 놓는 일, 그건 자기 자신을 이해하는 방식

    감정을 이해하는 가장 단순하면서도 효과적인 방법 중 하나는, 그것을 글로 적는 일이다. 말로는 정리되지 않던 마음이 종이에 닿는 순간, 단어로 이름 붙여지고 문장으로 길을 찾아간다. 감정은 머릿속에만 있을 때보다 밖으로 꺼냈을 때 비로소 그 실체가 드러난다. 그리고 글로 적히는 그 순간, 감정은 더 이상 나를 혼란스럽게 만드는 무언가가 아니라, 내가 마주할 수 있는 구체적인 대상이 된다.

    기록은 감정을 객관적으로 바라보는 데 큰 도움을 준다. 막연한 불안, 설명하기 어려운 답답함, 알 수 없는 허무함조차도 글로 쓰기 시작하면 구체적인 모습으로 드러난다.

"오늘 아침에는 이유 없이 울컥했다."

"그 말이 왜 그렇게 서운했는지 아직도 마음에 남는다."

"사실은 외로웠던 것 같다."

    이처럼 감정의 뿌리를 따라가며 써내려가다 보면, 마음이 정리되고, 어느 순간 한결 가벼워졌음을 느끼게 된다. 그 감정이 나를 어떻게 흔들었는지, 나는 그것을 어떻게 지나왔는지를 돌아보는 것만으로도 우리는

이전보다 조금 더 단단해질 수 있다.

글은 어떤 타인보다 나를 더 깊이 들어주는 공간이다. 판단도, 조언도 없이 있는 그대로의 감정을 받아주는 안전한 그릇이 된다. 글쓰기는 결국 자기 자신과의 대화이며, 마음속 혼란을 질서로 바꾸는 내면의 기술이다. 하루에 단 몇 줄이라도 좋다.

"오늘 나는 이런 기분이었고, 그 이유는 아마 이러했을 것이다."

이처럼 적어두는 것만으로도 감정은 내가 감당할 수 있는 무게로 가라앉는다.

말로 하기 어려운 날에는, 조용히 펜을 들어보자. 감정은 기록을 통해 비로소 나의 언어가 되고, 내가 이해할 수 있는 나의 일부가 된다.

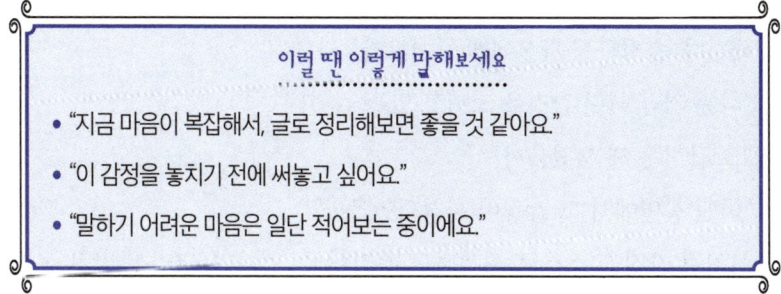

이럴 땐 이렇게 말해보세요

- "지금 마음이 복잡해서, 글로 정리해보면 좋을 것 같아요."
- "이 감정을 놓치기 전에 써놓고 싶어요."
- "말하기 어려운 마음은 일단 적어보는 중이에요."

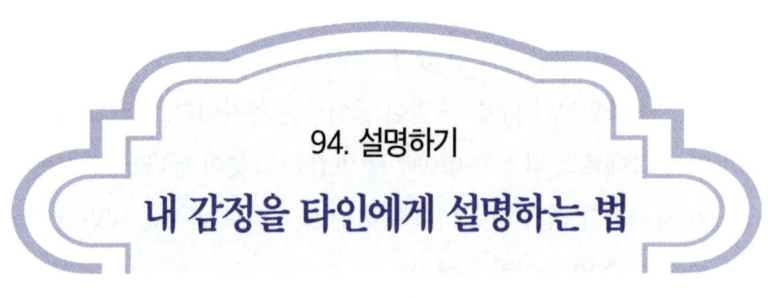

94. 설명하기
내 감정을 타인에게 설명하는 법

→ 이해받고 싶은 마음은 늘 있지만, 그 전에 스스로 말할 수 있어야 한다

우리는 종종 이렇게 말한다. "기분이 나빠", "그냥 싫어", "뭔가 불편했어." 그러나 이런 표현만으로는 상대가 내 마음을 정확히 이해하기 어렵다. 감정은 본질적으로 매우 주관적인 것이기에, 내가 느낀 감정을 있는 그대로 전달하려면 좀 더 구체적이고 섬세한 설명이 필요하다. 감정을 '설명한다'는 것은 단순히 감정을 '표현'하는 것을 넘어, 감정을 '해석'하고 정리하는 일이다. 내가 내 감정을 이해하고, 상대도 그것을 오해 없이 받아들일 수 있도록 돕는 과정이다.

감정을 잘 설명하기 위해서는 먼저 그 감정을 있는 그대로 인정해야 한다. "이 정도로 화낼 일은 아닌데"라며 스스로의 감정을 부정하거나, "이런 말 하면 속 좁아 보일까 봐" 머뭇거리다 보면 감정은 오히려 더 복잡해진다. 솔직하게 자신에게 물어보자.

"나는 지금 어떤 감정을 느끼고 있는 걸까?"
"그 감정은 왜 생겼을까?"
"어떤 장면에서 그 감정이 시작되었을까?"

이처럼 감정을 스스로 해석하고 정리할 수 있다면, 그것을 말로 옮기는 일도 가능해진다.

　예를 들어, "아까 너의 말에서 내가 무시당한 느낌이 들어서 기분이 상했어."처럼 구체적으로 설명된 감정은, 단순한 감정 표현보다 훨씬 더 쉽게 공감받을 수 있다.

　또한 감정을 설명할 때는 '너 때문에'보다는 '나는 이렇게 느꼈어'라고 말하는 방식이 좋다. 상대를 비난하지 않으면서도 내 감정을 분명히 전달할 수 있기 때문이다. 감정을 설명하는 법을 익히게 되면 불필요한 오해와 감정의 충돌이 줄어들고, 관계는 한층 더 깊고 단단해진다. 내 감정을 스스로 설명할 수 있다는 것은, 내가 나를 잘 알고 있다는 증거이며, 타인과 건강하게 연결되고자 하는 성숙한 태도이기도 하다.

　감정을 설명하는 일은 결코 쉽지 않지만, 설명하려는 그 노력 자체가 마음과 마음을 이어주는 다리가 된다.

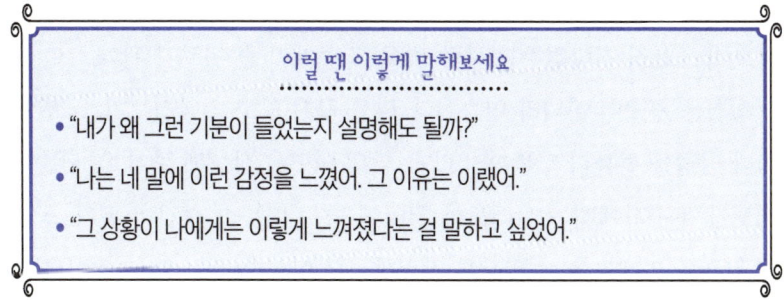

이럴 땐 이렇게 말해보세요
- "내가 왜 그런 기분이 들었는지 설명해도 될까?"
- "나는 네 말에 이런 감정을 느꼈어. 그 이유는 이랬어."
- "그 상황이 나에게는 이렇게 느껴졌다는 걸 말하고 싶었어."

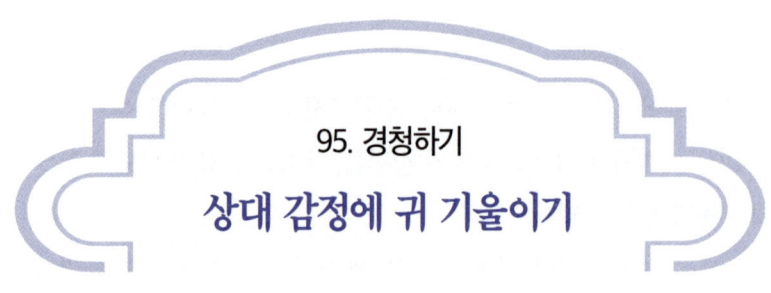

95. 경청하기
상대 감정에 귀 기울이기

→ 말보다 마음에 귀 기울일 때, 비로소 그 사람의 진짜 이야기가 들린다

    누군가의 이야기를 듣는다는 것은 단지 '말'만 듣는 일이 아니다. 그 말 안에 담긴 감정, 망설임, 그리고 말하지 않은 침묵까지 함께 듣는 일이다. 진정한 경청은 상대가 무슨 말을 했는지를 아는 것이 아니라, 그 말이 왜 나왔는지를 함께 헤아리는 마음의 태도에서 시작된다. 특히 감정을 나누는 대화에서는 말보다 감정의 결이 더 깊이 작용한다.

    많은 사람들은 누군가의 이야기를 들으면서도 머릿속으로는 다음에 할 말을 준비한다. 위로해야겠다는 마음, 조언해야겠다는 책임감, 혹은 자신의 경험을 꺼내 공감하려는 의도가 앞서기도 한다. 하지만 정작 그 순간 상대가 바라는 것은 어떤 해결책이 아니라, 자신이 느끼는 감정을 그저 '들어주는' 존재다. 말하지 않아도 고개를 끄덕이고, 침묵을 감싸 안으며 조용히 기다려주는 사람. 바로 그 존재가 큰 위로가 된다.

    경청은 기술이 아니라 연습이다. 말을 끊지 않고 기다려보기, 내 판단이나 감정을 섣불리 덧붙이지 않기, 말의 이면을 상상해 보기. 이 단순한 태도가 누군가에게는 오래도록 기억에 남는 따뜻한 순간이 된다. 상대가 감정을 꺼내놓을 수 있도록 안전한 공간이 되어주는 일, 그것이 경청의 진짜 힘이다. 특히 감정이 예민해진 순간일수록, 조언보다 먼저 필요한 건 들어주는 태도다. 그 안에서 신뢰는 조금씩 깊어진다.

감정은 말로 표현되며 동시에 말로 치유된다. 누군가의 감정을 온전히 들어주는 일은 그 사람을 있는 그대로 존중하고 이해하려는 태도이며, 그런 관계 안에서 나 역시 누군가에게 그렇게 다가가는 사람이 된다.

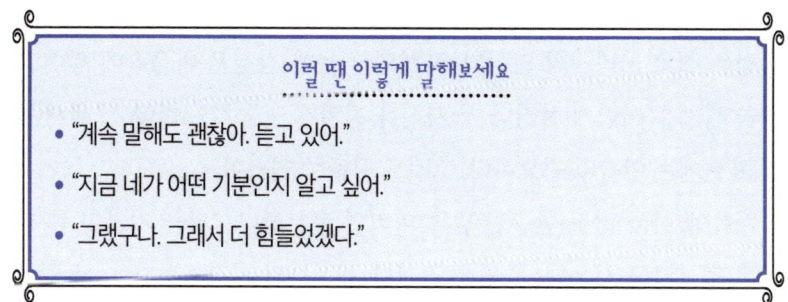

이럴 땐 이렇게 말해보세요

- "계속 말해도 괜찮아. 듣고 있어."
- "지금 네가 어떤 기분인지 알고 싶어."
- "그랬구나. 그래서 더 힘들었겠다."

96. 표현 연습하기
감정을 말로 꺼내는 훈련

→ 처음엔 서툴더라도, 감정은 꺼내는 만큼 부드러워진다

감정을 표현한다는 것은 생각보다 쉬운 일이 아니다. '이제는 말해야지' 다짐했지만 막상 입을 열려 하면 망설여지고, 머릿속에서 정리된 문장도 막상 꺼내려 하면 어딘가 어색하고 부자연스럽다. 그래서 우리는 종종 "아무 일 아니야", "그냥 좀 피곤해서" 같은 익숙한 말로 감정을 덮어두고 만다. 그러나 그런 식으로 매번 마음을 눌러두다 보면 감정은 점점 무뎌지고, 결국 내가 지금 어떤 기분인지조차 헷갈리게 된다.

사실 우리는 자라오면서 감정을 표현하는 법을 충분히 배우지 못했다. "화를 내면 안 돼", "울지 마", "웃어야지"와 같은 말은 감정을 억제하거나 감추는 법만을 가르쳤고, 있는 그대로 표현하는 법은 익숙하지 않았다. 그래서 감정을 표현하는 데 서툴 수밖에 없다. 하지만 말하지 않은 감정은 결코 사라지지 않는다. 표현되지 못한 감정은 마음속에 쌓이고, 결국 관계를 어렵게 하거나 나 자신을 지치게 만들기도 한다. 그래서 감정 표현에는 연습이 필요하다. 그것도 꾸준한 연습이.

처음엔 아주 짧고 단순한 말 한마디면 충분하다. "지금 기분이 좀 나빠졌어", "조금 서운했어" 같은 간단한 표현부터 시작해보자. 이때 중요

한 것은 완벽한 문장을 말하는 것이 아니라, '내 감정을 인정하고 꺼내보려는 태도' 그 자체다. 익숙하지 않으면 어색할 수 있다. 하지만 그 어색함을 견디며 계속 감정을 표현하다 보면, 마음을 말로 풀어내는 감각이 점점 살아난다. 표현이 많아질수록 감정은 무겁게 쌓이지 않고, 오해는 줄어든다.

또한 감정을 말로 설명하는 연습은 나 자신을 더 깊이 이해하게 한다. 지금 내가 어떤 감정을 느끼고 있는지, 왜 그런 감정을 갖게 되었는지를 자주 들여다보는 습관은 자기이해를 높이고, 동시에 타인의 감정에도 민감하게 반응할 수 있는 공감의 기반이 된다. 감정 표현은 단순한 말하기 기술이 아니라, 마음을 연결하는 연습이자, 마음을 건강하게 만드는 방법이며, 관계를 건강하게 유지하는 삶의 기술이기도 하다.

지금까지 꺼내지 못했던 감정이 있다면, 오늘 단 한 문장으로 시작해도 좋다. 솔직하게 말해보는 것, 그 자체가 이미 충분한 용기다. 감정 표현은 타고나는 것이 아니라 배우고 익히는 것이다. 그리고 한 번의 실천이 다음 표현을 더 수월하게 만들어줄 것이다. 그렇게 우리는 조금씩, 마음을 말할 줄 아는 사람이 되어간다.

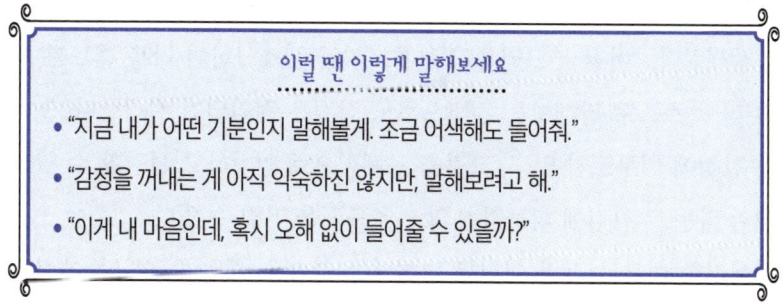

이럴 때 이렇게 말해보세요

- "지금 내가 어떤 기분인지 말해볼게. 조금 어색해도 들어줘."
- "감정을 꺼내는 게 아직 익숙하진 않지만, 말해보려고 해."
- "이게 내 마음인데, 혹시 오해 없이 들어줄 수 있을까?"

97. 감정에 이름 붙이기
모호함에서 벗어나기

→ 이름을 가진 감정은 덜 막막하다, 모를수록 더 거세지기 때문이다

　우리는 하루에도 수없이 많은 감정을 느낀다. 하지만 그 감정이 정확히 무엇인지 묻는다면 선뜻 답하기란 쉽지 않다. "기분이 좀 안 좋아", "그냥 그렇다"와 같은 말로 얼버무리거나, "화가 났어"라고 뭉뚱그려 표현하는 경우가 많다. 하지만 그런 말들 뒤에 숨은 감정은 실망일 수도 있고, 억울함이나 외로움, 혹은 여러 감정이 얽혀 있는 복잡한 감정일 수도 있다. 마음이 복잡하게 느껴지는 이유는 실제 감정이 복잡해서라기보다는, 그 감정을 명확히 들여다본 적이 없기 때문인 경우가 더 많다.

　감정에 이름을 붙이는 일은 생각보다 중요하다. 이름을 붙이지 못한 감정은 정체 없이 흩어져 우리를 불안하게 만든다. 반면 감정을 정확히 인식하고 거기에 맞는 이름을 붙이는 순간, 마음은 조금씩 가라앉고 덜 복잡해진다. "이건 부끄러움이구나", "지금은 조급함이 나를 흔드는 거야"라고 스스로 말해보는 것만으로도 감정은 정리되기 시작한다. 느끼는 감정에 머무르지 않고, 그것을 구체적으로 인식하고 설명할 수 있을 때 우리는 그 감정에 휘둘리지 않고 주도권을 가질 수 있다.

　이러한 이유로 감정 어휘를 넓혀가는 연습은 매우 중요하다. 예컨대

"화가 났어"라는 말 안에는 짜증, 억울함, 무시당한 느낌, 배신감 같은 세밀한 감정이 숨어 있을 수 있다. 하나의 단어로 뭉뚱그리지 않고, 내 마음속에서 더 정확한 단어를 찾으려는 노력이 필요하다. 그렇게 감정을 섬세하게 구분하고, 각각에 맞는 이름을 붙이는 연습만으로도 내 감정을 대하는 태도는 달라지고, 마음속 혼란도 한층 줄어든다.

감정에 이름을 붙이는 일은 타인과의 소통에서도 중요한 역할을 한다. 모호한 감정은 모호하게 전해지고, 그만큼 오해의 여지도 커진다. 하지만 "나는 지금 단순히 속상한 게 아니라 서운한 거야"라고 말할 수 있다면, 상대도 나의 감정을 더 정확히 이해할 수 있다. 감정을 명확하게 표현하는 능력은 결국 서로를 오해 없이 이어주는 다리가 된다.

감정은 쉽게 사라지지 않는다. 표현되지 않은 감정은 마음속에 머무르며 서서히 무게를 더한다. 그렇기에 오늘부터라도 내 감정에 조금 더 정직하게, 그리고 조금 더 정확하게 다가가보자. 마음속을 스쳐 지나가는 감정들에 조용히 이름을 붙여주는 것. 그 작은 실천이 모호했던 마음을 조금씩 명확하게 비추기 시작할 것이다.

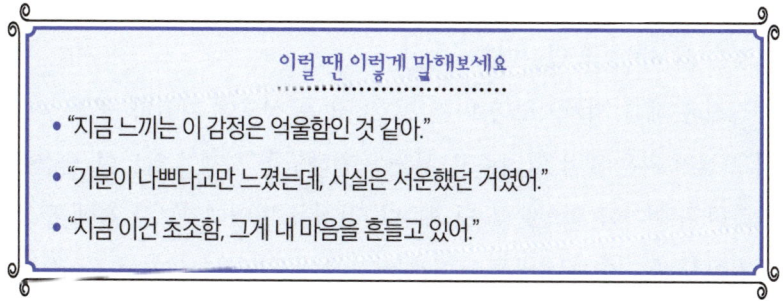

이럴 때 이렇게 말해보세요
- "지금 느끼는 이 감정은 억울함인 것 같아."
- "기분이 나쁘다고만 느꼈는데, 사실은 서운했던 거였어."
- "지금 이건 초조함, 그게 내 마음을 흔들고 있어."

98. 감정과 친해지기
나를 있는 그대로

→ 감정을 밀어내지 않을 때, 비로소 나는 나와 가까워질 수 있다

　감정은 늘 우리 곁에 있지만, 우리는 때때로 감정을 낯설고 불편하게 여긴다. 특히 슬픔, 분노, 불안 같은 '부정적인' 감정은 피하거나 감추려 하며, 드러내는 것조차 어색하게 느낀다. 기쁨은 괜찮고 우울함은 숨겨야 한다는 사회적 분위기 속에서 우리는 감정을 선악으로 나누는 습관을 익혔다. 그러나 감정은 옳고 그름의 문제가 아니라, 있는 그대로 '존재해도 괜찮은 것'으로 받아들이는 데서 이해가 시작된다.

　감정과 친해진다는 건 내 안의 감정을 있는 모습 그대로 받아들이는 일이다. "기뻐도, 속상해도, 불안해도 괜찮다"는 말은 단지 위로가 아니라, 내 마음을 정직하게 품겠다는 다짐이다. 감정을 억누를수록 더 커지고 선명해지지만, "이런 감정을 느끼고 있구나" 하고 알아차리는 순간, 그것은 서서히 가라앉는다.

　감정은 해를 끼치기보다 나를 보호하려는 신호에 가깝다. 불안은 놓치고 싶지 않은 것을 알려주고, 분노는 침해당한 경계를 알리며, 슬픔은 소중한 무언가를 잃었음을 알려준다. 감정을 밀어내기보단 곁에 두고, 그것이 말하고자 하는 바를 들어주는 것이 자신과 가까워지는 길이다.

감정에 익숙해질수록 내면의 움직임을 더 섬세하게 감지할 수 있다. 감정은 내가 누구인지, 무엇을 원하고 상처받았는지를 보여주는 중요한 단서이기도 하다. 감정은 결코 적이 아니라, 나를 지켜주는 내 편이다. 감정이 찾아올 때 "어서 와, 너였구나" 하고 말을 걸 수 있을 만큼 친근한 관계가 되어가는 것이 중요하다.

감정에 솔직한 사람은 자기 자신에게도 정직하다. 감정을 이해하는 사람은 타인의 마음도 잘 읽는다. 결국 감정과 친해지는 일은 나를 있는 그대로 받아들이고, 나답게 살아가기 위한 중요한 연습이다. 감정을 두려워하지 말고, 오래 알고 지낸 친구처럼 다정하게 대해보자. 그럴 때 비로소 마음은 덜 흔들리고, 조금씩 더 단단해질 수 있다.

이럴 땐 이렇게 말해보세요

- "지금 내 감정을 외면하지 않고 그냥 함께 있어볼게."
- "이 감정도 내 일부니까, 괜찮아."
- "지금 느끼는 이 감정이 나에게 뭔가를 말해주려는 것 같아."

99. 감정도 성장한다
말하는 만큼 깊어진다

→ 마음을 표현하는 법을 배울수록, 내 감정도 함께 자란다

처음에는 그저 '좋다', '싫다'로만 느껴졌던 감정이 시간이 지날수록 조금씩 세분화된다. 기분이 나빴다고만 여겼던 어느 순간을 천천히 되돌아보면, 그 안에는 속상함도, 서운함도, 어쩌면 부끄러움까지 들어 있었음을 알게 된다. 그렇게 감정을 자꾸 들여다보고, 말하고, 나누는 과정 속에서 우리는 감정을 더 잘 이해하게 되고, 그만큼 감정도 자라난다.

감정은 고정된 무언가가 아니다. 표현하고 설명하는 만큼 깊어지고, 정교해진다. 아이들이 처음 감정을 배울 때는 말보다 몸짓과 표정으로 그 감정을 표현한다. 그러나 시간이 지나고 언어가 자라나면서, 감정 역시 더 섬세하게 인식되고 표현된다. '울음'이라는 행위 하나만 두고도, 그 안에 담긴 감정은 아쉬움일 수도, 외로움일 수도, 허전함일 수도 있다. 이처럼 감정의 성장에는 표현이라는 도구가 반드시 필요하다.

감정을 말한다는 건 단순히 누군가에게 털어놓는 일만을 뜻하지 않는다. 말하는 과정 자체가 나에게 감정을 인식하고 정리하며 받아들이는 기회를 만들어준다. 언어로 정돈된 감정은 더 이상 나를 휘두르지 않는다. 오히려 내가 감정을 다루고 조절할 수 있는 여유를 만들어준다. 자신

의 상태를 아는 사람은 쉽게 흔들리지 않는다. 감정을 덮어두기보다 풀어내려는 노력은 결국 나를 지키는 힘이 된다.

감정을 자주 말할수록, 감정은 더 이상 혼자가 아니다. 내가 내 감정을 인정하고 표현할수록, 타인의 감정 역시 자연스럽게 존중할 수 있게 된다. 그렇게 우리는 서로의 감정에 귀 기울이고, 공감하며, 감정을 통해 관계를 단단히 이어간다. 감정을 숨긴다고 사라지는 것은 아니다. 감정을 드러낸다고 해서 약한 것도 아니다. 오히려 감정을 건강하게 표현할 수 있는 사람이야말로 마음이 단단한 사람이다.

감정은 살아 있는 생물과 같다. 머물러 있는 것이 아니라, 자라고 움직이고 변화한다. 그 감정의 성장은 내가 그것을 얼마나 자주 말하는지, 얼마나 자주 마주하고 있는지에 달려 있다. 감정을 표현할수록, 감정은 더 깊어지고 풍부해진다. 그리고 그렇게 깊어진 감정을 통해 우리는 조금 더 진짜 나와 가까워질 수 있다.

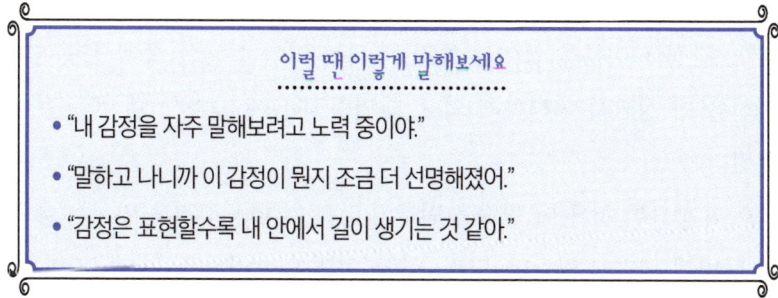

이럴 땐 이렇게 말해보세요

- "내 감정을 자주 말해보려고 노력 중이야."
- "말하고 나니까 이 감정이 뭔지 조금 더 선명해졌어."
- "감정은 표현할수록 내 안에서 길이 생기는 것 같아."

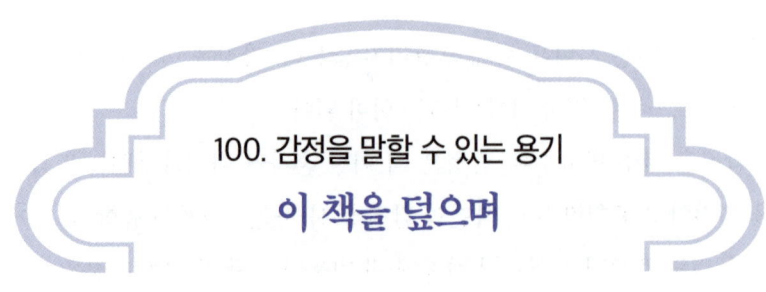

100. 감정을 말할 수 있는 용기
이 책을 덮으며

→ 이제는 말할 수 있다, 내 마음을 드러내는 것이 곧 나를 사랑하는 일이라는 것을

우리는 살아가며 수많은 감정을 마주한다. 말하고 싶지만 어떻게 꺼내야 할지 몰라 삼켰던 순간들, 조심스레 꺼낸 말이 오해로 돌아와 마음을 닫게 만들었던 기억들. 그래서 감정을 말하는 일은 여전히 어렵고 조심스러운 과제처럼 느껴진다. 하지만 그럼에도 불구하고, 우리는 감정을 말할 수 있어야 한다. 마음이 흐르기 시작해야 관계도 흐르고, '나'라는 존재 역시 살아 움직일 수 있기 때문이다.

이 책을 통해 감정을 하나하나 들여다보며, 당신은 어느 감정 앞에서 걸음을 멈췄고, 어떤 문장 앞에서 가슴이 뜨거워졌는지를 떠올릴 수 있을 것이다. 말로 표현하지 못해 내 안에만 울리고 있던 감정들을, 글자를 통해 조심스럽게 꺼내본 이 경험은 단순한 독서 이상이었을지도 모른다. 감정에 이름을 붙이는 순간, 우리는 막연한 혼란 속에서 벗어나 자신을 더 정확히 이해하게 되고, 타인의 마음에 다가갈 수 있는 문이 열린다.

이제 중요한 것은 이 연습을 멈추지 않는 것이다. 감정을 말하는 용기는 단번에 생기지 않는다. 그러나 반복하면 익숙해지고, 익숙해지면 덜 두려워진다. 처음엔 어색하고 서툴지만, 감정을 꺼내는 일이 삶의 한 부분이 되면, 우리는 더 솔직하고 깊은 관계를 맺게 된다. 감정과의 관계도 사람과의 관계처럼, 무시하거나 억누르기보다 인정하고 받아들이는 데서 시작된다. 그때 비로소 마음은 흔들리지 않고 연결된다.

이 책의 마지막 페이지를 넘기더라도, 감정을 말하는 당신의 여정은 여기서 시작이다. 말하지 못해 쌓였던 마음, 스스로 외면했던 감정들을 꺼내는 그 한 걸음 한 걸음에 이 글들이 작은 다리가 되어주길 바란다. 내가 나를 이해할 수 있는 문장이 하나 생기고, 누군가에게 따뜻하게 말을 건넬 수 있는 표현이 생겼다면, 이 연습은 충분히 의미 있었다고 말할 수 있다.

감정을 말할 수 있다는 건, 약한 게 아니라 용기 있는 일이다. 나는 당신이 감정 앞에서 도망치지 않고, 조금씩 솔직해지는 사람이 되기를 바란다. 당신의 말이 당신의 마음을 살리고, 또 누군가의 마음에 닿을 수 있기를 진심으로 응원한다. 감정을 말하는 연습, 그 용기 있는 당신의 걸음이 앞으로도 계속되기를.

이럴 땐 이렇게 말해보세요

- "이젠 내 감정을 그냥 두지 않으려 해."
- "조금씩이라도, 감정을 말할 수 있는 내가 되고 싶어."
- "이제 나도, 내 마음에 솔직해지고 싶어요."

맺음말
감정을 말할 수 있다는 건, 나를 지키는 힘입니다

감정을 표현하는 일은 어른이 될수록 더 어려워집니다.

괜히 오해를 살까 봐, 감정적이라는 평가를 받을까 봐, 불편한 분위기를 만들고 싶지 않아서. 우리는 말해야 할 순간에도 입을 다물고, 마음을 꾹 누르며 지내 왔습니다. 그러다 보니 어느새 감정은 표현하는 것이 아니라 견디는 것이 되어 버렸는지도 모릅니다.

하지만 감정은 견디는 것이 아니라 이해하고 돌보아야 할 '마음의 언어'입니다.

감정을 말할 수 있다는 건 나 자신을 지키는 힘이자, 관계를 건강하게 이어 가는 지혜입니다. 감정 표현은 때로 서툴 수 있고, 어색할 수도 있지만, 그것은 내가 살아 있는 존재라는 증거이며, 진심으로 누군가와 연결되고 싶다는 마음의 표현이기도 합니다.

이 책은 감정을 잘 다루기 위한 정답을 제시하지 않습니다.

다만 감정을 정확히 알아차리고, 나답게 표현하는 말들을 곁에 두려는 작은 시도입니다. 당신의 하루가 불편했던 감정으로 무너졌던 날에도, 말 한마디로 스스로를 지켜 낼 수 있는 힘이 있다는 걸 기억해 주세요.

이제 당신은 감정을 말할 수 있는 사람이 되었습니다.
"서운해요."라고 조심스럽게 말하는 용기,
"지금 마음이 조금 복잡해요."라고 솔직하게 털어놓는 표현,
"그때는 정말 힘들었어요."라고 말해 주는 다정함.
이 모든 말은 당신의 감정에서 비롯된 진심이고,
당신이 나를 아끼고 있다는 가장 확실한 증거입니다.
책을 덮은 지금, 당신에게 이렇게 말해 주고 싶습니다.
감정을 말할 줄 아는 당신은, 이미 충분히 단단하고 아름답습니다.